行政法の基礎知識
(1)

——初めて学ぶ人のために——

宮田三郎著

ポケット双書

信山社

はしがき

本書のねらいは行政法の基礎知識を習得してもらうことです。そのため、行政法の法概念や法理論について、その伝統的理論と現代的問題を含め、できるだけ分かり易く解説することを心がけています。また本書の特徴は、「質問と応答」という形式で、テーマに迫っていることです。これによって、テーマに対する興味が持続的に惹き起こされ、演習の臨場感がもたらされることを期待しているわけです。

行政法の内容は、一見して面白みがなく、難解であるかのように思われるかもしれません。しかし、その内容は、一般的平均人の正常な判断力をもってすれば、誰にでも理解できるものであり、興味をもつことができれば、行政法にハマってしまうことが心配される位です。

法学部の学生の中には、法律の概説書を通読したことがないなどと豪語？　する人もいますが、本書については、素直な気持ちで、最初から最後まで読み通していただきたいと思います。読んでみたり、途中で投げだしたりでは、はじめから、読まないほうがいい。

本人の努力なしに、学力を向上させてくれる本など、あろうはずがない、と思うからです。読者の皆さんのご健闘を祈る次第です。

本書の企画は、信山社の編集部によるもので、本書の出版に当たっては、袖山貴氏に大変お世話になりました。ここに深く感謝の意を表する次第です。

平成一六年六月

宮田三郎

目次

行政法の基礎知識（1）

❖第一問❖　憲法は、行政法について、どのような要請をしているか。(1)

■行政法は法治国原理に基づくものでなければならない■

◇T……先生
◆S……学生

【1】　法治国原理の意義

◇T　行政法は具体化された憲法でなければならない。憲法を具体化するものとして、最初に法治国原理をとりあげましょう。法治国原理とは何か、説明して下さい。

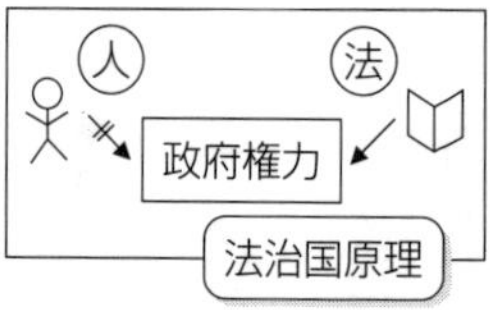

◆S　はい。憲法は、行政法について、それが法治国思想ないし法治国原理に基づくものでなければならないことを要請しています。法治国原理というのは、一般的にいえば、政府権力が「人の支配」によるのではなく「法の支配」に服することです。このような原則を基本原理とする国家をドイツでは法治国(Rechtsstaat)といいますが、日本ではこの原則を法治主義といっているようです。

◇T　法治国原理といっても、それは歴史的に変遷してきている。日本国憲法が目指す法治国原理はどんな具体像をもっているでしょうか。

◆S　それは、実質的法治国というものだと思います。ドイツを例にとって説明します。

ドイツにおける法治国原理は、はじめは、君主主義および警察国家の恣意的支配に対する政治的闘争概念として登場しましたが、その後、法治国の政治的—憲法的側面は次第に後退し、法治国概念は形式化されました。形式的法治国の特質は、行政権力の法律適合性およびコントロール可能性を重要視する点にあり、法律の内容にはむしろ無関心でした。ですから、法律形式による不法に対して無力となったとき、法治国は法律による不法国家となってしまったわけで、形式的法治国はナチス体制にいたって崩壊しました。この点を反省して、第二次世界大戦後、ドイツは実質的法治国を目指したわけです。実質的法治国では、法律の内容に正義の理念が組み入れられ、行政権のみならず立法権を含めた国家権力全体が最高の法原則ないし法価値に拘束されます。また、個人の自由と平等、人間の尊重、正義および法律による行政の原理、フェアで透明な行政手続が実現され、とくに立法権が憲法に拘束され、基本的人権が確保されていなければならないとされています。日本国憲法もこのような実質的法治国を目指しているということができると思います。

◇**T** 結構ですね。では、実質的法治国原理ないし法治主義の法的根拠はどこに求めることができるでしょう。

◆**S** 実質的法治国原理の法的根拠は、日本国憲法に明文の規定をもって示されていません。しかし、憲法の全体構想からこれを推論することができると思います。すなわち、日本国憲法は、一方において、権力分立論の考え方に基づいて、立法と行政とを分けて、それぞれその担当者を異ならしめ、また他方において、国民主権論の考え方に基づいて、国の政治の在り方や国と国民との関係で本質的な事項、とくに国民の権利義務に関する新たな規律を定めることは、立法として国会がこれを行い、政府の行う行政は国会の定めた規律に従って行動すべきものとしています。権力分立論は、立法と行政とのチェックアンドバランスというそいわば横の関係を規定するものですが、国民主権論に基づく立法と行政との関係は、この横の関係をいわば縦の関係に直す原理であって、行政（政府）が立法（国会）に服し、従うべきことを規定するものです。したがって、権力分立と国民主権を基本原理とする制度のもとにおいては、法律は、一方的に国民だけを拘束するものではなく、国民に対する関係において政府（行政）をも拘束するものとなり、政府と国民との関係が相互に法律によって規律されるものとなったということができます。ここに、法治国原理を

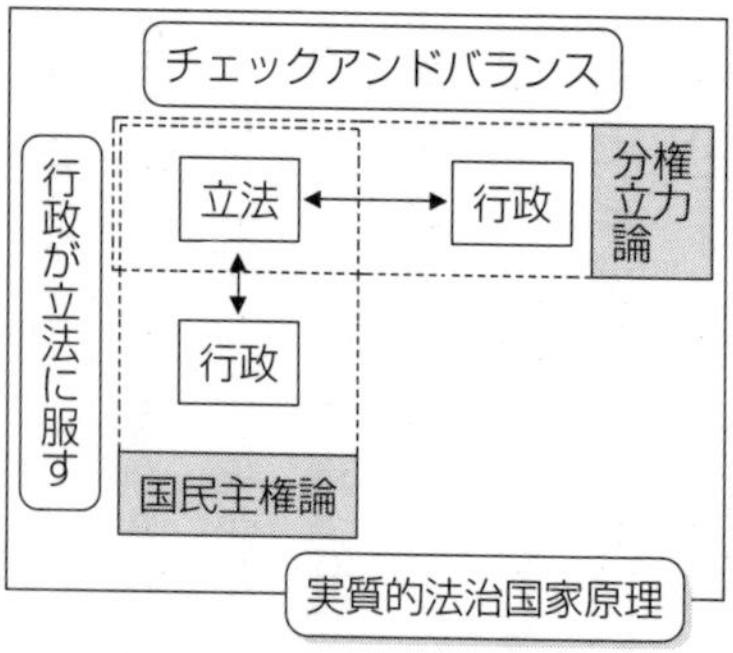

基本原理とする憲法的根拠があり、また、そもそも行政法が成立する制度的基盤があることになります。

◇**T**　そうですね。法治国原理は、行政法において、法律による行政の原理（法治主義）として現れるのですが、法律による行政の原理とは、行政活動が法律により法律に基づいて行われなければならない、という原理ですね。これは自明のことのように見えますが、必ずしもそうではない。現行憲法のもとでは、法治国原理に対する視点を変える必要がありますね。

◆**S**　どういうことですか。

❶	政府と議会との緊急関係の消滅
❷	行政活動の民主的正当性および決定手続の透明性の保障
❸	行政指導による行政

法治国家の原理の背景の変化

◇**T**　法治国原理の背景が変わったことに注意しなければなりません。

第一に、法律による行政の原理の成立基盤がなくなったということです。法律による行政の原理は、立憲君主制の政府（行政）と市民を代表する議会（法律）との緊張関係において機能すべきものとしてドイツで成立した。そしてそれが明治憲法時代にわが国に導入され、行政法の基本原理として承認された。しかし民主主義の確立とともに、政府と議会との緊張関係は消滅し、基本的には、議会の多数党と少数党との対抗関係があるだけとなりました。

第二に、議会の機能に変化が生じたことです。議会と政府は、全体として協働・連携し、また個別的には多数党の族議員が行政に介入し癒着する傾向にあるということができます。したがって、法律による行政の原理は、立憲君主制のもとでは、行政の恣意ないし権力濫用を阻止するという自由主義的な視点から理解すべきものであったが、民主制のもとでは、むしろ、行政活動の民主的正当性および決定手続の透明性の保障という視点に基づいて理解すべきです。

第三に、法律による行政の原理は、行政実務において、必ずしも貫徹していないということです。行政実務では、行政と国民との関係を規律するために、法律によらずに、関連の団体や業界などに対する通達によって、行政目的を実現しようとする傾向が根強い。このような日本的な行政スタイル、すなわち行政指導による行政は、法律による行政の原理の定着を阻害するものといえます。

【2】法治国原理の内容

◇**T** 次に、法治国原理の内容を見て行くことにしましょう。まず始めに、法律による行政の原理です。説明して下さい。

◆**S** はい。法律による行政の原理は、いわば一般論であって、その内容は必ずしも具体的ではない。その内容をさらに具体化するものが、法律の優位の原則と法律の留保の原則です。

◇**T** そのほかに、法律の法規創造力の原則をあげている著書もありますけど、法律の優位の原則と法律の留保の原則で十分だと思いますね。

(a) 法律の優位の原則

◆**S** まず、法律の優位の原則について。

法律の優位の原則とは、法律が他のすべての規律に優先し、行政が法律に違反してはならないことを意味します。これは、公法的であれ私法的であれ、侵害的であれ授益的であれ、すべての種類の行政活動について適用される原則です。現行憲法のもとでは、法律よりも憲法が優位し、行政が憲法による拘束を受けることはいうまでもないのですが、行政にとって、法律の優位の原則が重要であることに変わりはないわけです。

◇**T**　法律の優位の原則を、さらに展開すると、次のことがいえますね。法律の優位の原則は、行政に対し、法律の適用を強要し、法律から逸脱することを禁止するということです。これを行政法の強行性ということができます。すなわち、行政は法律を執行すべき義務を負う。行政には、法律を執行したり、執行しなかったりする自由はないことになりますね。その場合、行政は、法律を執行するために、個別的・具体的な法的決定や事実上の措置を行うだけでなく、法規命令や行政規則を発することもあるわけです。

法律による行政の原理 → 具体化
→ ○法律の優位の原則
→ ○法律の留保の原則

次に、行政は法律から逸脱することができないということです。行政にとって、法律は権限授与の根拠であるだけでなく、権限行使の制約でもあるわけです。行政は法律の制約を遵守しなければならない。法律からの逸脱禁止は、積極的な法律違反だけではなく、解釈による逸脱

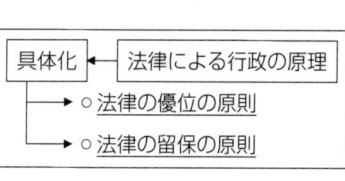

もそれに含まれる。行政の誤った解釈は、法律の最終的解釈権を有する裁判所の判断によって是正されなければならないということです。

◆S　法律の執行義務についてですが、法律が憲法に違反し無効であると考える場合でも、行政は、法律を執行しなければならないことになりますか。確か砂川事件では、最高裁は、砂川町長に裁判所の前審としての暫定的な法律の適用拒否権を認めたと思いますが（判例 最判昭三五・六・一七民集一四巻八号一四二頁）。

◇T　一般に、内閣をはじめとする行政機関には違憲立法審査権はないというのが通説であって、国の行政機関は、たとい暫定的であるにせよ、あるいは、自己の責任においてであるにせよ、自ら違憲と信じる法律でも、その適用ないし執行を拒否することはできないものと考えられてきた。したがって、知事や市町村長に、そのような審査権を認めることは、「地方自治の本旨」に沿うために、憲法が許容した「例外」であると考えるほかないと思いますね。

しかし、最近のドイツでは、憲法違反が明白である場合や憲法違反の法律の執行によって当事者にとって耐え難い既成事実が作られ、それを裁判所も実効的に救済できない場合には、行政にも法律の適用拒否権を認めるべきであるという説、あるいは、憲法裁判所の違憲判決があるまでは、行政は憲法違反と考える法律でも、それに従わなければならないという説などが主張されています。日本では、公務員の職務命令に対する服従義務の限界の問題に関連して論ずることができるが、これは本書の第一〇問のところで考えることにしましょう。

(b) 法律の留保の原則

◇**T** 次に、法律の留保の原則の問題に行きましょう。これについては議論が多いのですが、まず、定義からはじめましょう。どうぞ。

◆**S** 法律の留保の原則とは、特定の行政活動は明示の法律の根拠(法律の授権)がある場合およびその範囲でのみ許されるという原則を意味します。法律の留保の原則は、具体的には、行政の活動の根拠となる法律が存在しない場合に、その行政活動を行うためには、新たな法律の制定を必要とするか、あるいは行政規則(通達、要綱など)などに基づいて活動をすることが許されるかという問題です。

◇**T** そうですね。法律の留保の原則というと、直ぐ侵害留保説

法律による行政の原理

❶ 法律の優位の原則

i)行政は法律を執行すべき義務を負う

ii)行政は法律の制約を遵守しなければならない

❷ 法律の留保の原則

特定の行政活動は明示の法律の根拠(法律の授権)がある場合およびその範囲でのみ許される

ということになる位ですから、侵害留保説について説明しておきましょう。

二〇世紀初のドイツにおいて、国民の「自由と財産」の侵害は法律の授権に基づいてのみ許される、換言すれば、それは法律に留保されているという一般原則が確立しました。これを「侵害留保説」といいます。わが国においても、侵害留保説が明治憲法後半期に通説的な考え方となりました。侵害留保説によれば、法律の留保の原則は全行政活動に妥当するものではありません。臣民に権利や自由を与え義務を免ずる行政活動、あるいは臣民の権利や自由に直接関係のない行政活動は、法律に違反しない限り、自由に行うことができなければならない。天皇の官僚は、臣民の権利や自由を侵害する場合のほか、衆議院ごときの制約を受けるものではない。このような考え方が明治憲法に適合的であったということができるわけです。しかし現行憲法のもとでは、侵害留保説はもう時代遅れです。国民主権の確立、議会民主制の発展さらに給付行政の意義の増大は、法律の留保の原則の適用範囲の拡大を要求していることが明らかであるといえますね。

法律の留保の原則の適用範囲については、ⓘ侵害留保説のほか、いろいろの考え方が主張されていますね。調べてきましたか。

◆**S**　はい。ⓘⓘ法規留保説＝国民の権利義務に関係のある行政は、必ず法律の根拠を必要とし、その範囲は国民の権利自由を制限・侵害する行政だけではなく、権利を与え義務を免ずる行政にも及ぶ。ⅲ権力留保説＝行政活動のうち、一方的に国民の権利義務を変動させるような、いわゆる権力的な行為形式をとる場合には、法律の根拠が必要である。ⅳ全部留保説＝国民の権利義務の変動を生じさせる公行政はもちろん、非権力的公行政についても法律の根拠を必要とする。ⅴ本質性理論（重要事項留保説）＝本質的（重要）事項、とくに基本的人権の領域に関係する決定は、議会が自ら決定すべきであって、これを行政に委ねてはならない。

法律の留保の原則の適用範囲

ⅰ	侵害留保説
ⅱ	法規留保説
ⅲ	権力留保説
ⅳ	全部留保説
ⅴ	本質性理論

侵害留保説は、いまでも通説的な地位を占めているといわれていますが、今日では、権力留保説が有力な見解として支持されているようです。あらゆる行政活動について法律の根拠が必要であるという全部留保説は少数説です。以上です。

◇**T**　結構でしょう。ただ、法律の留保の原則の適用範囲の問題については、次の点を注意する必要がありますね。

①法律の留保の原則が、侵害行政について適用されるという点では、異論がありません。侵害留保説が妥当する理由として、それが非常に明確で実務にも適した概念であることが指摘

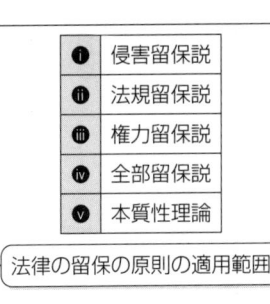

されています。しかし今や、侵害の概念が拡張されて、直接的な権利侵害だけが問題となるのではなく、第三者に対する間接的な、事実上の侵害も問題にしなければならなりません。例えば、食肉や野菜の健康有害性についての消費者に対する行政庁の警告や調査事実の公表は、権力行使ではないから、権力留保説では法律の根拠を必要としないことになります。しかし、このような警告や公表が、生産者たる第三者の「営業の自由」に著しい影響や損害を与える場合には、それが行政庁の権限規定を遵守し、警告や公表の必要性、客観性、目的と手段の比例性、公表方法の妥当性などを考慮している限り、事実上の侵害は「侵害」に当たらないとみることができるかどうか、あるいは消費者と生産者との権利が衝突する可能性の高い場合には法律による規制が必要なのではないか、これが、まさに現代的な問題であるということになります（判例 大阪地判平一四・三・一五判タ一一〇四号八六頁、東京高判平一五・五・二一判時一八三六号七七頁）。

② 給付行政について、法律の留保の原則が適用されるかどうかについては、見解が岐かれている。給付行政の多くの分野は、現行法上、例えば生活保護法などのように法律が整備されているから、法律の留保の問題はほとんど解消したということができる。

③ 法律の留保の原則の適用範囲を拡張しようとする考え方に対する批判として、法律の規

定がなければ何も活動することができないとすれば、行政は緊急事態に対応できない、という指摘がなされている。しかし給付行政というのは、もともと通常の場合、すなわち社会的、経済的または文化的に必要で、多数の人について長期的に行われる行政サービスを問題にしている。自然災害や経済危機のような緊急事態が生じた場合には、法律が制定されるまでの適当な過渡的期間は、授益的な行政活動なら、法律に基づかなくとも許される、のではないか。しかし、行政の全くの恣意的な活動が許されるわけではないから、いかなる目的、要件および程度のもとに、例えば資金交付を行うべきかについて行政規則の方法などによる客観的基準の設定が必要であり、それは現実的にも可能であると思いますね。

◆**S**　何となく分かりましたが、この問題については、どのような方向づけが必要でしょうか。

◇**T**　そうですね。従来の法律の留保の原則をめぐる議論は、行政が自己固有の権力によって何を行うことができるか、何を行う場合に法律の根拠が必要かという法治国的視点からなされたといえます。これに対して現代的民主制国家においては、議会はいかなる規律を自ら定めなければならないか、したがって、それを行政に委ねてはならないという民主制的視点が重要になった。この場合、規律の対象、すなわち侵害行政か給付行政か、権力行政か非権力行政かという視点のほかに、規律の形式、すなわち行政の手続、権限および責任の所在の明確化が重要であり、いかなる事項が議会に留保され、いかなる事項なら官僚による規制を許容してもよいかという視点、すなわち行政活動の民主的正当性ないし透明性が重要であると思いますね。

◆S　なるほど。

◇T　次に、どのような「法律」が法律の根拠となりうるか。この点については、どうでしょうか。

◆S　法律の根拠（法律の授権）が必要であるという場合、組織規範（行政組織および行政内部の権限配分などに関する法規範）、責務規範（一定の職務活動の委託を定めた法規範）、規制規範（行政に権限があることを前提にして権限行使の方法について規制をする法規範）および作用規範ないし権限規範（いかなる場合にいかなる権限を行使することができるかについて規律する法規範）の四種のうち、組織規範や責務規範は「法律の根拠」としては十分でない。必要とされる法律は具体的な権限規範でなければならない、とされています。

規範	「法律の根拠」として
組織規範	不十分
責務規範	不十分
規制規範	△
作用規範ないし権限規範	○

しかし、問題はむしろ規制密度の点にあるようです。行政を拘束する法律の規定は、行政の活動を前もって予測することができるように、その内容、対象、目的および程度という点で、十分限定的に規定されていることが必要である、ということです。これは、本書第二問の「明

確性の原則」のところで、説明します。

◇T　結構でしょう。ところで、民法の規定は「法律の根拠」となりうるか。この点はどうですか。

◆S　「法律の根拠」とはなりません。民法が法律の根拠になるなら、法律の留保の原則に関する議論は全く無意味になると思います。これに関連する最高裁判例があります。それは、河川法・漁業法上の占用許可を受けずに不法に設置されたヨット係留用の鉄抗を船舶の航行に危険であるとして、これを強制的に撤去した事件についての判例です。

最高裁は、「上告人が浦安長の町長として本件鉄坑撤去を強行したことは、漁港法及び行政代執行法上適法と認めることはできないものであるが、右の緊急の事態に対処するためにとられたやむを得ない措置であり、民法七二〇条の法意に照らしても、浦安町としては、上告人が右撤去に直接要した費用を同町の経費として支出したことを容認すべきものであって、本件請負契約に基づく公金支出については、その違法性を肯認することはでき（ない）」と判示しています〔判例〕最判平三・三・八民集四五巻三号一六四頁――浦安漁港ヨット係留用鉄坑強制撤去事件）。

◇T　この強制撤去には法律の根拠がないことは明らかだし、また「緊急の事態」といえるかどうかも怪しい。原審は、緊急避難は成立しないとしていますね。この最高裁判例については、法治主義の例外を認めたものとする見解と民法七二〇条を適用して損害賠償責任要件としての違法性を阻却したものとする見解とが対立していますが、最高裁は、本件を法治主義の問題として取り扱っていないようにも見えますし、どうも歯切れの悪い判決というか、判決理由は不十分で、最高裁は説明責任を果たしていないように思いますね。

次は、自動車の一斉検問に「法律の根拠」があるか。これをとりあげましょう。一斉検問の必要性はともかく、法的根拠の問題はどうなっていますか。

◆**S**　はい。最高裁は、「警察法二条一項が『交通の取締』を警察の責務として定めていることに照らすと、交通の安全及び交通秩序の維持などに必要な警察の諸活動は、強制力を伴わない任意手段による限り、一般的に許容されるべきものであるが、それが国民の権利、自由の干渉にわたるおそれのある事項にかかる場合には、任意手段によるからといって無制限に許されるべきものでないことも同条二項及び警察官職務執行法一条などの趣旨にかんがみ明らかである。」と判示しています（判例 最判昭五五・九・二二刑集三四巻五号二七二頁）。この問題は、どう考えたらいいのでしょうか。

◇**T**　自動車の一斉検問の法的根拠については、三つの見解がありますね。一つは、職務質問をすべき要件があるかどうかを調べるための通過自動車の無差別・一斉停止の法的根拠は、警

自動車の一斉検問の法的根拠

❶	警察官職務執行法２条１項
❷	必要かつ合理的な範囲
❸	相手方の任意の協力を前提として実施

察官職務執行法二条一項であるという説、二つ目は、最高裁判例の立場で、警察法二条一項が一斉検問の法的根拠で、警察の責務である「交通の取締」を遂行する必要かつ合理的な範囲内で一斉自動車検問が許されるとする説、三つ目は、全車両の検問や警戒検問には直接の法的根拠がなく、もっぱら相手方の任意の協力を前提として実施すべきものであるとする説です。最後の解釈が正しいと思いますね。したがって、そのための法的整備がぜひ必要なのではないかと思います。

今日は、ここまでにしておきましょう。

◆**S**　ありがとうございました。

❖第二問❖ 憲法は、行政法について、どのような要請をしているか。(2)

■法治国原理の内容として、法律による行政の原理のほか、比例原則、平等原則(自己拘束の原則)、信頼保護、明確性およびフェアな手続の原則がある■

◇T……先生
◆S……学生

【1】比例原則

◇T　第一問に引き続き、法治国原理の内容を見てゆきましょう。まず、比例原則ですね。比例原則は、もともと警察法の分野で形成され、警察比例の原則として確立されたものですね。明治憲法時代、比例原則は、警察権の限界として、学説上一致して承認されていました。ただ比例原則は、明治憲法には明示の憲法的根拠をもっておらず、条理法上の、つまり不文の法原則として認められていたわけです。

しかし現在では、比例原則は警察権についてだけ妥当する法原則であるのではなく、あらゆる国家権力の行使に適用される一般法原則であって、法治国原理の直接的な構成要素であるとされ、あるいは基本的人権の尊重から推論され、憲法一三条に根拠を有する実定法上の一般法原則として認められます。行政法では、比例原則は行政裁量を制約する法原則として機能することが多いといえますね。

どういう具体的な内容をもっているか、説明して下さい。

◆S　はい。比例原則は、最も一般的には、国家措置の目的と手段の関係が適当な均衡を保たなければならないという原則を意味します。それは、雀を大砲

明治憲法	＝	警察権の限界 （不文の法原則）
	⇩	
現憲法	＝	一般法原則

で撃ってはならない（F・フライナー）という実践的な行為準則であって、これが一般的法原則にまで高められたものであるということができます。

◇**T**　それを、さらに具体化すると、どうなりますか。

◆**S**　比例原則は三つの部分的原則から成っています。すなわち、行政の措置は、追求する目的に対して、適合的で、必要で、適切なものである場合、比例性があるとされています。まず適合的ということですが、選択した行政措置によって望ましい結果が達成できる場合に、その行政措置は適合的であることになります。また、行政措置は基本的人権を侵害しない他の同等に有効な行政措置を選択することができない場合には、その行政措置は必要であることになります。これは、複数の適合的な措置のうち、侵害が最小限度の措置をとるべきであるとするもので、最小限度の侵害の原則ともいわれています。さらに、侵害が追求した目的とその結果生じた法益とを考慮して不当なものでない場合、行政措置は適切であるということができます。

比例原則

❶	適合性	選択した行政措置によって望ましい結果が達成できる
❷	必要性	最小限度の措置を取るべき
❸	適切性	行政措置による侵害が不当なものでない

比例原則は、必要性の原則と目的と手段の比例性の原則の二つから

構成されるという考え方もありますが、結局、今説明したことと同じことに帰着すると思います。

◇**T**　結構ですね。行政法規範というのは、憲法と行政活動との間にあって、比例原則を具体化するものでなければならない。行政が、具体的な決定をする際に、行政法規範によって全面的に羈束《きそく》されている場合は、比例性ないし比例原則について考慮する余地はない。しかし、行政に処分の選択または判断余地が認められている場合、あるいは、行政が法規命令または条例を制定する権限がある場合には、比例原則が直接の拘束力を発揮する、つまり行政裁量を制約する法原則として妥当する。その場合の権限行使は、適合的で必要で、適切なものでなければならない。要するに、比例原則には、一般抽象的に認められる行政権限の行使、とくに侵害的な行政処分を具体的場合に緩和し、個別的な正義を実現するフィルターの機能を果たすことが期待されるわけです。

◆**S**　分かりました。

【2】平等原則（自己拘束の原則）

◇**T**　比例原則に関する判例は本書第三問の行政裁量のところで見ることにして、次は、平等原則ですね。どうぞ。

◆**S**　はい。日本国憲法は形式的平等と実質的平等を保障しています（憲一四条）。形式的平等というのは法律の前の平等であり、法律が平等に適用されることを意味します。これに対し、実質的平等というのは、あらゆる法関係を無差別に取り扱うことではなく、本質的に同一のものを恣意的に不平等に、本質的に同一でないものを恣意的に平等に取り扱うことを禁じるものです。結局、平等原則とは恣意的な差別の禁止を意味する、ということになります。

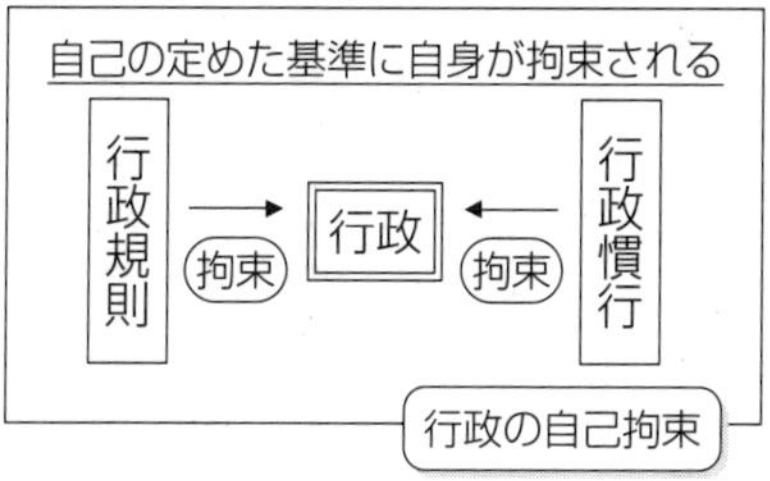

◇**T**　平等原則と同様の機能を果たすものとして、自己拘束の原則というのがあります。ちょっと説明しておきましょう。

いま報告がありましたように、行政が裁量権や命令または条例の制定権を行使する場合には、一般的な平等原則を尊重しなければならない、憲法は行政に対し平等原則の遵守を命じているわけです（憲一四条）。平等原則は、同様の事実状態を十分な客観的理由なくして差別的に取り扱うことを禁じる。そうすると行政は、その裁量権を行使する領域においては、従来から積み重ねてきた行政慣行、行政規則により、自分自身が定めた行政決定の基準に自分自身が拘束され、客観的理由なしに、それから逸脱することは許されないことになります。行政が自己の設定した決定基準に自己が拘束されることを行政の自己拘束といいます。行政の自己拘束の原則は平等原則から生じますが、最近では、行政法上の平等原則をめぐる問題は、むしろ行政の自己拘束の原則をめぐる問題として現れることが多いわけです。

ここで、平等原則に関する判例を見ることにしましょう。行政裁量を制約するものとしての平等原則に関する判例は、本書第三問の行政裁量のところで見ることにして、それ以外のものを報告して下さい。

◆S　はい。若干のものをあげることにします。

●「憲法が各地方公共団体の条例制定権を認める以上、地域によって差別を生ずることは当然に予想されるから、売春の取締りについて格別に条例を制定する結果、その取扱いに差別を生ずることがあっても違憲とはいえない。」（判例 最判昭三三・一〇・一五刑集一二巻一四号三三〇五頁）。

●「憲法八四条は、租税法律主義を規定し、租税法律主義の当然の帰結である課・徴税平等の原則は、憲法一四条の課・徴税の面における発現であると言うことができる。……そしてみぎ課税物件に対する課・徴税処分に関与する全国の税務官庁の大多数が法律の誤解その他の理由によって、事実上、特定の期間特定の課税物件について、法定の課税標準ないし税率より軽減された課税標準ないし税率で課・徴税処分をして、しかも、その後、法定の税率に拠る税金とみぎのように軽減された税率に拠る税金の差額を、実際に徴したことがなく且つ追徴する見込みもない状況にあるときには、租税法律主義ないし課・徴税平等の原則により、みぎ状態の継続した期間中は、法律の規定に反して多数の税務官庁が採用した軽減された課税標準ないし税率の方が、実定法上正当なものとされ、却って法定の課税標準、税率に従った課・徴税処分は、実定法に反する処分として、みぎ軽減された課税標準ないし税率を超過する部分については違法処分と解するのが相当である。したがって、このような場合については、課税平等の原則は、みぎ法定の課税標準ないし税率による課・徴税処分を、できる限り、軽減された全国通用の課税標準および税率による課税・徴税処分に一致するように訂正し、これによって両者間の平等をもたらすようにすることを要請しているものと解しなければならない。」［判例］大阪高判昭四四・九・三〇高民集二二巻五号六八二頁＝スコッチライト事件）。

● 「禁錮以上の刑に処せられた者の失職を定めた地方公務員の規定は、地方公務員を、法律上このような制度が設けられていない私企業労働者に比べて不当に差別したものとはいえない」判例 最判平元・一・一七判時一三〇三号一三九頁)。

●「禁錮以上の刑に処せられ失職した者に対して一般の退職手当を支給しない旨を定めた退職条例の規定は、公務に対する住民の信頼確保する目的としているが、その目的には合理性があり、地方公務員を他の私企業労働者に比べて不当に差別したものとはいえない」判例 最判平一二・一二・一九判時一七三七号一四一頁)。

●市が要綱によって飼犬・飼猫の不妊手術を受けさせた市民に補助金を交付するに当たり、手術を行う獣医師を獣医師会の支部所属の者に限定したことは、「行政効率の点で必ずしもその必要性が高いとはいえず、右獣医師と競業関係に立つ原告らの営業上の利益に対する十分な配慮をした形跡がない点において、その手続面を含めて、行政上の措置として適切であったとはいい難いうらみがある。しかしながら、……本件要綱によって同支部に所属しない獣医師に飼犬、飼猫の不妊手術を受けさせた飼主を補助金交付の対象から除外したことが、直ちに原告らを含む右の獣医師の営業上の利益を侵害するとして国家賠償法上違法になるとは認め難いというべきである。」判例 最判平七・一一・七判時一五五三号八八頁)。

◇T　結構でしょう。さっき説明した、自己拘束の原則には限界があることに注意しなければならなりませんね。第一は、行政は行政慣行または行政規則を将来について変更することができるということです。平等原則はこのような変更を禁止するものではないのです。行政は、平等原則と衝突することなく、何時でも、行政慣行を改め、あるいは、行政規則に定められた決定プログラムを変更することができる、ということです。第二は、不法の平等なし、ということです。自己拘束の原則は、適法な行政慣行を前提とするもので、違法な行政慣行ないし行政規則への自己拘束は認められないし、違法な行政慣行ないし行政規則の継続を求める国民の請求権は成立しない、といえます。したがって、君があげた大阪高判の判例は、租税平等主義が租税法律主義に優先する場合があることを明言しているが、とくに「みぎ状態の継続した期間中は」といっている点に注意する必要がありますね。

◆S　わかりました。

【3】信頼保護の原則

◇T　今度は、信頼保護の原則ですね。報告して下さい。

◆S　はい。戦前の行政法では法治主義オンリーという感じでしたが、現代の行政法学は、信頼保護の原則を法律による行政の原理と同列・同価値にまで高め、ともに法治国原理の構成要素であることを認めていることが注目されます。信頼保護というのは、立法、行政および司法にかかわらず、あらゆる国家機関の行動についての国民の期待・信頼が法的に保護されることを意味します。信頼保護の支柱は法的安定性の原則と信義誠実の原則であるといわれています。信頼保護が成立するためには、ⓘ国民の側に保護に値する状況があり、それに基づいて、ⓘⓘ国民が準備・計画などの実行行為を行ったことが必要で、ⓘⓘⓘこの信頼は、違法な国家措置を取消し、あるいは適法な国家措置を変更することによって生じる公益上の利害と比較衡量されなければならない、ことになります。この場合、信頼保護の利益と公益上の利害とを比例衡量するわけです。したがって、つねに信頼が保護されるとは限らない、場合によっては、信頼が裏切られることもありうることになります。いずれにせよ、比較衡量は慎重でなければなりません。

信頼保護の原理
- 柱 — 法的安定性の原則／信義誠実の原則
- 成立条件
  - ⓘ国民を保護するに値する状況
  - ⓘⓘ国民が実行行為を行ったこと
  - ⓘⓘⓘ公益上の利益との比較衡量

◇**T** 結構ですね。判例には、どういうものがありますか。

◆**S** 次の判例は、租税通達ないし通知に対する信頼保護が問題になったものですが、これが信頼保護の原則に関する最初の判例のようです。

「自己の過去の言動に反する主張をすることにより、その過去の言動を信頼した相手方の利益を害することの許されないことは、それを禁反言の法理と呼ぶか信義誠実の原則と呼ぶかはともかく、法の根底をなす正義の理念より当然生ずる法原則（以下禁反言の原則という。）であって、国家、公共団体もまた、基本的には、国民個人と同様に法の支配に服すべきものとする建前をとるわが憲法の下においては、いわゆる公法の分野においても、この原則の適用を否定すべき理由はないものといわねばならない。」（判例 東京地判昭四〇・五・二六行集一六巻六号一〇三三頁＝文化学院非課税通知事件）。

次は、行政計画または行政政策の変更に関するものです。

「右団地建設計画の変更等についての原告の危惧についてはそのようなことは絶対にない旨確信して安心させ右浴場建設の工事を進行せしめていたものであるから、かかる事情のもとにおいて被告市の執行機関たる首長が、原告の浴場建設を徒労に帰せしめるような該団地建設計画の廃止の挙に出るということは、これによって原告の被る不利益を防止し、もしくはその損害を賠償することを条件としてはじめて許容されるべきものであり、然らざる限り該行為は違法性を帯びるものといわなければならない。」、「原告・被告間におけるかかる目的協同関係から被告市も原告の右浴場建設に積極的に協力してこれを援助すべきであり、……原告は被告市のかかる援助を期待してこれに信頼を懸けることができるという協助・互恵の信頼関係が成立しておるものであるというべく、かかる協助・互恵の信頼関係に基づき原告の有する利益は十分法律上の保護に値するものであるというべきであるから、かかる利益を何らの代償措置を講ずることなく一方的に奪うことは信義則ないし公序良俗に反し、また禁反言の法理からも許されないところであって、違法性を具有するにいたる」（判例 熊本地玉名支判昭四四・四・三〇行集一八巻四号五六〇頁）。

「地方公共団体のような行政主体が一定内容の将来にわたって継続すべき施策を決定した場合でも、右施策が社会情勢の変動等に伴って変更されることがあることはもとより当然であって、地方公共団体は原則として右決定に拘束されるものではない。しかし、右決定が、単に一定の内容の継続的な施策を定めるにとどまらず、特定の者に対して右施策に適合する特定の内容の活動をすることを促す個別的、具体的な勧告ないし勧誘を伴うものであり、かつ、その活動が相当長期にわたる当該施策の継続を前提としてはじめてこれに投入する資金又は労力に相応する効果を生じ得る性質のものである場合には、右特定の者は、右施策が右活動の基盤として維持されるものと信頼し、これを前提として右の活動ないしその準備活動に入るのが通常である。このような状況のもとでは、たとえ右勧告ないし勧誘に基づいてその者と当該地方公共団体との間に右施策の維持を内容とする契約が締結されたものとは認められない場合であっても、右のような密接な交渉を持つに至った当事者間の関係を規律すべき信義衡平の原則に照らし、その施策の変更にあたってはかかる信頼に対して法的保護が与えられなければならないものというべきである。すなわち……社会観念上看過することのできない程度の積極的損害を被る場合に、地方公共団体において右損害を補償するなどの代償措置を講ずることなく施策を変更することは、それがやむを得ない客観的事情によるものでない限り、当事者間に形成された信頼関係を不当に破壊するものとして違法性を帯び、地方公共団体の不法行為責任を生ぜしめるものといわなければならない。」（判例 最判昭五六・一・二七民集三五巻一号三五頁＝宜野座村工場誘致政策変更事件）。

次は、課税処分の取消しや国民年金の支給拒否に関する判例です。

「租税法規に適合する課税処分について、法の一般原理である信義原則の法理の適用により、右課税処分を違法なものとして取り消すことができる場合があるとしても、法律による行政の原理なかんずく租税法律主義の原則が貫かれるべき租税法律関係においては、右法理の適用について慎重でなければならず、租税法規の適用における納税者間の平等、公平という要請を犠牲にしてもなお当該課税処分に係る課税を免れしめて納税者の信頼を保護しなければ正義に反するといえるような特別の事情が存する場合に、初めて右法理の適用の是非を考えるべきものである。」（判例 最判昭六二・一〇・三〇判時一二六二号九一頁）。

判例は、この事件についての信義則の適用要件として、①税務官庁が納税者に対し信頼の対象となる公的見解を表明したこと、②納税者がその表明を信頼し、かつ、信頼したことについて納税者の責めに帰すべき事由がないこと、③納税者がその信頼に基づいて行動し、かつ行動したことについて納税者の責めに帰すべき事由がないこと、④のちに右表明に反する課税処分が行われ、そのために納税者が経済的不利益を受けることになったことが、不可欠であるとしています。

また、実定法上の受給要件を欠いても、申請人側に帰責事由がなく、また行政当局による永年にわたる受給権者としての取扱いがされてきた場合には、信頼関係が成立し、「右のような信頼関係が生じた当事者間において、その信頼関係を覆すことが許されるかどうかは、事柄の公益的性格に考慮をも含めた信義衡平の原則によって規律されるべきものであり、特に、拠出制の国民年金制度においては、被保険者の保険料負担と老齢年金等の給付はある程度対価関係にあるから、この点からも、原告の右信頼は法的保護を要請されるものである。」、「右信義衡平の原則に従うと、……原告と行政当局の間で生じた右のような信頼関係を行政当局が覆すことができるのは、やむを得ない公益上の必要がある場合に限られ、右以外には許されないと解すべきである。」と判示しています（判例 東京高判昭五八・一〇・二〇行集三四巻一〇号一七七七頁）。

【4】 明確性の原則

◇**T** 次は、明確性の原則です。法治国原理は行政に対し行政決定をするに当たっては十分明確な規制をしなければならないことを義務づける。これを明確性の原則というのです。明確性の原則は、行政決定の内容、目的および程度が不確定であってはならないことを意味します。しかし、明確性の原則によって、不確定法概念、裁量および一般条項などが完全に排除されてしまうわけではない。

◆S　そうすると、法律の規定は、どの程度明確であることが必要でしょうか。

◇T　この点に関する判例は、次のようなものですね。

まず、最高裁は、原子炉設置許可の基準としての「原子炉による災害の防止上支障がないもの」（原子炉規制法二四条一項四号）という規定について、「右規定が不合理、不明確であるとの非難は当たらないというべきである。したがって、右規定が不合理、不明確であることを前提とする所論憲法三一条違反の主張は、その前提を欠く。論旨は、採用することができない。」と判示しています（判例 最判平四・一〇・二九民集四六巻七号一一七四頁＝伊方原発訴訟）。

次に、課税要件を定める条例の規定についてですが、「その立法趣旨などに照らした合理的解釈によって、その具体的意義を明確にできるものであることを要するというべきで、このような解釈によっても、その具体的意義を明確にできない不確定、不明確な概念を課税要件に関する定めに用いることは、結局、その租税の賦課徴収に課税権者の恣意が介入する余地を否定できないものであるから、租税法律（条例）主義の基本精神を没却するものとして許容できないというべきである。」と判示したものがあります（判例 仙台高秋田支判昭五七・七・二三行集三三巻七号一六一六頁＝秋田市国民健康保険税条例訴訟、旭川地判平成一〇・四・二一判時一六四一号二九頁）。

【5】 フェアな行政手続の原則

◇T さらに、法治国原理から、国民の権利・利益の手続的保障を求めるフェアで適正な行政手続の原則が派生します。この原則は法治国手続の基本的原則であり、行政手続の中での行政と国民との法的対話を保障するものと考えるべきです。国民は、もはや行政に対する嘆願者や苦情をいうにすぎない者ではなく、行政手続の中で、説明、情報および聴聞を求める権利をもった対等の当事者として位置づけられなければなりませんね。

憲法原則としては、行政手続による基本的人権の保護、すなわち有効な権利保護を予防的に保障する行政手続が重要であるといえます。適正な行政手続の原則に関する最高裁判例がありますね。調べてきましたか。

◆S はい。「憲法三一条の定める法定手続の保障は、直接には刑事手続に関するものであるが、刑事手続とその性質においておのずから差異があり、また行政目的に応じて多種多様であるから、行政処分の相手方に事前の告知、弁解、防御の機会を与えるかどうかは、行政処分により制限を受ける権利利益の内容、性質、制限の程度、行政処分により達成しようとする公益の内容、程度、緊急性等を総合較量して決定されるべきものであって、常に必ずそのような機会を与えることを必要とするものではないと解するのが相当である。」（判例 最判平四・七・一民集四六巻五号四三七頁＝成田新法事件）という判例があります。しかし、公益の内容、程度、緊急性等をいえば、重大なケースでは事前手続はほとんど必要ないことになる虞があると思いますが。

◇**T**　その通りです。行政処分の適正手続の保障は、その憲法上の根拠を、憲法一三条に求めるのではなく、法治国原理に求めることが必要ですね。

以上で、法治国原理の内容は、ひとまず終ることにしましょう。

❖第三問❖　公法・私法の区別は不要になったか。

◇T……先生
◆S……学生

【1】行政法における公法・私法

◇T　今日は、公法・私法の区別の問題をとりあげます。いまや、公法・私法の区別は不要であるという考え方が定着したという感じで、私の立場はごく数人の少数説ですけど、そもそも、行政法において公法・私法という観念は、どういう場合に用いられてきたか、ということから考えることにしましょう。調べてきましたか。

◆**S**　はい。行政法では、公法・私法の観念は、大体、三つの場合に用いられてきたといえます。第一は、行政法学の研究対象である「行政法」の範囲を画定するという意味で、公法という語が用いられています。つまり、行政法学は行政に関するすべての法を研究対象にしているのではなく、そのうちでも、一般私人間に適用される私法（民商法など）とは区別される「行政に固有の法」を研究対象とする、この「行政に固有の法」を「（国内）公法」というのである、というわけです。

第二は、国と国民との間の特定の具体的関係について、直接それを規定する明文の規定がない場合に、それに類似した関係を規律の対象にしている私法を、それに適用ないし準用することが許されるかどうかを決定するために、すなわち、特定の行政作用について適用される

行政法とは——

❶	私法とは区別される「行政に国有の法」
❷	特定の行政作用について適用されるべき法規を決定する基準
❸	司法関係との訴訟手続の区別を示す

行政法における公法・私法の区別概念

	私　法	公　法
ⅰ新生体説	すべての者に適用される一般法	もっぱら行政主体の権限および義務に関する特別法
ⅱ利 益 説	私益の規律を目的とする法	公益の実現を目的とする法
ⅲ権 力 説	当事者が法的に対等関係にある場合	公権力を有する行政主体が一方の当事者である場合

公法・私法の区別

べき法規を決定する基準として、公法関係・私法関係の観念が用いられるわけです。

第三は、公法関係に関する訴訟手続には行政事件訴訟法の規定が適用され、私法関係に関する訴訟手続には民事訴訟法の規定が適用される。したがって、公法関係・私法関係の区別は訴訟手続の区別を示すものとして用いられるというわけです。

【2】公法・私法の区別（代表的な考え方）

◇**T**　結構でしょう。それぞれについて検討する前に、公法とは何か、私法とは何か、という問題に進みましょう。公法・私法の区別の問題はローマ法以来の問題で、この問題に関する学説の数は一九〇四年まででも一七もあるということです。しかし、それを全部検討する必要はない。必要なのは行政法を考える上で必要と思われるものだけで良いわけで、ⅰ新主体説、ⅱ利益説およびⅲ権力説をとりあげれば十分でしょう。

◆S　はい。まず、ⓘ新主体説です。新主体説は、すべての者に適用される一般法が私法で、もっぱら行政主体の権限および義務に関する特別法が公法である、というものです。ⓘⓘ利益説は、公益の実現を目的とする法を公法、私益の規律を目的とするものを私法という。また、ⓘⓘⓘ権力説は、当事者間に権力服従の関係があり、公権力を有する行政主体が一方の当事者である場合が公法、それに対し当事者が法的に対等関係にあるときは私法である、というものです。ドイツでは権力説、第二次世界大戦後は新主体説を、フランスでは利益説を、それぞれ基準としているようですが、わが国では従来から、権力説プラス利益説にたって、「公法」を考えてきた、ということができます。

【3】公法・私法の区別の不要論と有用論

◇T　結構ですね。次に、公法・私法の区別の不要論は何をその論拠にしているのか、それを見てみましょう。どうでしたか。

◆S　はい。三つに整理してみました。ⓘ法制度的な背景、ⓘⓘ実体法上の法適用の問題、それから、ⓘⓘⓘ訴訟手続上の問題です。まず、ⓘ制度的背景ですけど、明治憲法のもとでは、フランスやドイツに倣って司法裁判所とは別の行政裁判所が設置されていたということです。このような制度を背景として、行政実体法も法原理を異にする公法と私法との二つの法体系に区別されるということが、一般的に承認されていたわけです。しかし日本国憲法のもとでは、アメリカに倣って裁判制度は一元化された。したがって公法・私法の区別を支えてきた制度的基盤がなくなった。このことが公法・私法の区別不要論に大きな影響を与えているようで、僕はもっともだと思います。この点、先生はどうお考えですか。

◇**T**　もともとイギリスやアメリカなどでは、私法（コモンロー）のほかに、それとは原理の異なる行政法というものが存在することを認めなかった。しかし、とくに第二次世界大戦後、行政権限を規制する数多くの重要な制定法が次々と制定されるにしたがって、行政法に関する研究は著しく進歩し、イギリスでもアメリカでも、「行政法」は「コモンロー」とは異なる独自の法領域として確立されるにいたった。とくにイギリス行政法は、大陸ヨーロッパ法に接近し、特別の行政審判所が数多く設立され、実体法的にも、基本的な転換を遂げているといえます。ですから、裁判制度が一元化したからといって、直ちに実体法的に、公法・私法の区別が不要になるということにはならないと思いますね。

◆**S**　そうですか。次は、ⅱ 実体法上の問題です。これは二つに分けられます。

一つは、民法の規定と異なる明文の規定がある場合です。この場合は、その法規の適用範囲が問題となるにすぎないので、本来公法・私法の観念とは無関係である筈です。これは会計法三〇条の解釈論として問題となったところです。会計法三〇条は、「金銭の給付を目的とする国の権利で、時効に関し他の法律に規定がないものは、五年間これを行わないときは、時効に因り消滅する。国に対する権利で、金銭の給付を目的とするものについても、また同様とする。」と規定していますが、この規定については二つの解釈が対立していました。公法・私法の区別が有用であるという立場では、この規定は公法の規定であり、公法上の債権・債務にのみ適用される。しかしもう一方の立場では、この規定の趣旨・目的の解釈によって会計法三〇条の適用範囲を確定することができる（判例 最判昭五・二・二五民集二九巻二号一四三頁）。この場合には、あらかじめ公法・私法の区別をしておく必要はないというわけです。

問題は、特定の行政上の関係について明文の規定がない場合です。この場合に、それと類似の関係を規律する私法の規定の適用ないし類推適用を認めるべきか、あるいはそれとは異なる取扱いをすべきであるかという問題です。有用論者は、このような場合にこそ公法・私法の観念が機能するというのです。つまり、当事者間に権力服従の関係があり、一方の当事者が行政主体である場合や公益の実現を目的とするような場合には、民商法のような私法を適用すべきではない、というわけです（判例 最判昭二八・二・一八民集七巻二号一五七頁——農地買収処分と民法一七七条）。これに対して、不要論者は、この場合、その関係を公法関係という必要はない、要するに民商法などのような私法が適用されないことについて合理的説明ができるかどうかの問題にすぎない、という趣旨のようです。

◇**T**　そうですね。どちらでもいいというか、公法関係であるといったから有害であるわけでもないと思いますね。有用論者の議論も不要論者の議論も、実体的な適用法規の決定については、結局、同じことに帰着するのではないでしょうか。重要なことは、権力関係とか管理関係といえば、その関係全体が公法の適用される関係になるというのではなく、ここでいう公法・私法の区別は、個々の関係についての適用法規の区別の問題であるということなのです。法の体系的な区別ではないということですね。その点で、いわゆる管理関係論――権力関係・非権力関係・管理関係の三区分――は、いわば細分化された法体系の分立ないし区別論であって、適用法規を決定する問題については意味がない。すなわち適法法規の問題は、権力関係・管理関係全体を問題にするのではなく、権力関係・管理関係における個々の行為または個々の法律関係について私法の転用を認めるべきかどうかを決定する問題である。例えば、公営住宅の利用関係を全体として公法関係と見たり私法関係と見たりするのは、具体的な適用法規の問題については実用的な意味がない。公営住宅の使用料の徴収とか、公営住宅の明渡請求とか、あるいは公営住宅の使用権の相続といった具体的な法律関係について、個別的に検討すべき問題なのです。これは権力関係についても同じであって、農地買収処分や国税滞納処分をめぐる法律関係全体ではなく、農地買収処分や農地買収処分による国の所有権取得あるいは租税滞納処分による差押には民法一七七条の適用があるかどうかを検討しなければならないわけです（判例 最判昭三五・三・三一民集一四巻六号六六三頁、最判昭四一・一一・二三民集二〇巻一〇号二一八六頁）。

◆S　ところで、特定の法的に規律されるべき生活関係や行政作用について直接の明文の規定がない場合に、それがいかなる法規範の規律に従うか、またはいかなる法領域に属するかという問題において、なぜ私法の適用が排除され、私法とは異なる特殊な扱いをしなければならないかの基準は明らかでないように思われますが、この点どうでしょうか。

◇T　不要論者が、「合理的説明ができるかどうかの問題だ」といっても、何が合理的説明か、合理的説明の判定基準は何か、これが問題であるわけです。例えば、不要論者が、公法と私法を区別することは問題の解決に役立たず、むしろ、行政上の法律関係において、私人間の市民法的な法律関係と異なる取扱いが、どういう場合にどういうふうに現れるかを直截に考えればよい、というのは、結果としては、私法と公法あるいは新しい意味の公法との区別が必要になる、あるいは有用であるということに帰着するのではないか。

公法・私法の区別の基準は法の規律の態様に求めなければなりません。しかし、明文の規定が存在しない場合は、私法の規定の適用によって合理的な解決が得られる場合は私法を適用し、得られない場合は私法を適用できない、新しい意味の公法関係として処理することになる。要するに、合理的説明の中身は政策的目的とか超実定法的な法の理想、まあ大げさに言えば自然法に求める他ないということになるのではないか。

公法領域と私法領域では、基本的に、異なる規律と制度が妥当し、本質的な構造が異なっています。やはり、公法・私法の区別をしたほうが分かりやすいし、必要なのではないかと思いますね。

【4】訴訟手続の区別としての公法・私法

◆S　次に、公法・私法の区別は訴訟手続を決定するうえで意義がある、という点はどうでしょうか。不要論は、行政事件訴訟法は公権力の行使について行政事件訴訟手続が適用されるとするもので、それは公法・私法の区別を前提にするものではないといっていますが。つまり、『公権力の行使↓公法関係↓公法上の争い↓抗告訴訟』と考える必要はなく、『公権力の行使↓

抗告訴訟』と解すれば足りる、そこに公法関係という観念を介在させる必要はない、という趣旨のようです。

◇T　有用論では、私法の適用を受けるべき関係に関する訴訟は民事訴訟の手続によるべきですが、そうでないものは、原則として、不服申立ての対象になり、訴訟も特別の行政事件訴訟法の手続に従うことになる。私の立場では、公法、権力的、公権力の行使という概念はほとんど同じ意味に使用され、私法、民法、市民法、私経済的という概念もほとんど同じ意味に使用されてきたといっていい。権力とか公権力は法によって認められたものですが、それは私法によって認められているものではありません。権力関係は公法によって認められているのである。『公権力の行使→公法関係→抗告訴訟』ではなく、『公権力の行使＝公法関係→抗告訴訟』と解される、と思うわけです。

【5】 行政法の範囲を画定するものとしての公法

◆S　公法・私法の区別は、行政法の範囲を画定するものとしても、使用されています。この場合の公法は、法規自身の区別による本来的な公法関係に限定されず、それと一定の関連を有する法にまで広げられ、いわゆる伝来的な公法関係も含めています。先に検討した管理関係を公法関係とするのも、同じだと思います。

◇**T**　そうですね。行政法の範囲を画定するものとしての公法については、伝統的な見解としての行政法＝国内公法であるという考え方を基軸にして、ⓘ行政法＝公法プラス行政私法、ⓘⓘ行政法＝一般私法に対する特別法、ⓘⓘⓘ行政法＝行政特有法などの考え方が主張されている。そのうち、ⓘⓘⓘ行政特有法論が現在の通説的な考え方となっており、それは公法・私法の区別を否定し、行政法は行政に特有の法現象を指し、行政法学は行政に特有の法現象を研究対象とする、というのです。しかし、伝統的な公法・私法の二元論ないしその区別論をいちおう御破算にして、全体法律秩序のなかで行政に特有な法現象ないし行政に関する法的規制の特殊性を探り、それを理論構成するといっても、それは、新しい意味での「公法」を目指していることになるのではないか。伝統的な学説が私法、もっぱら民法に対する意味で行政に固有の法を公法と考えていたのに反し、行政特有法論は、私法に対してではなく、むしろ立法・司法（＝狭い意味での司法で、民事・刑事法を指す）に対する意味での「行政に関する法」の研究を任務とし、しかもこの「行政に関する法」は私法と異なる独自性ないし私法にはみられない

行政法の範囲を画定するものとしての公法

行政法＝国内公法
ⓘ 行政法＝公法プラス行政法
ⓘⓘ 行政法＝一般私法に対する特別法
ⓘⓘⓘ 行政法＝行政特有法
etc ...

行政に特有の性格をもつものでなければならない、としています。したがって、それは、行政法を行政主体の特別法と見るもので、公法・私法の区別に関する新主体説と共通する基盤のうえにあるのではないか。公法・私法の区別の不要論者は、それぞれに、新たな公法理論の形成を目指しているわけです。

◆**S**　なるほど。しかし、ごく普通に考えて、法の一般的な分類としては、公法・私法の区別はイキていると思いますが。

◇**T**　そうですね。日本公法学会が消滅し、日本私法学会に行政法部会ができたときは、法の一般的な分類としての公法・私法の区別も完全に不要になるでしょう。

◆**S**　今日の先生の議論は、「……である。」という確信的な断定ではなく、「……ではないか。」といった懐疑的な断定であることが多く、全体的に、何か歯切れが悪いという印象を受けましたが。

◇**T**　そうかぁ。どうも決定的な論拠を示すことができなかったかもね。ハッキリ言えば、疑わしい場合には、私法の行為形式で活動するという意思が明確に現れていない限り、行政主体は、その責務を公法の特別の権限に基づいて、実現しようとしているという推定が成立する、これが法律による行政の原理に最も適合的である、と考えるわけです。第二次世界大戦後、行政法における権力過剰の理論を戒める傾向が強かったが、戦後の実質的法治国原理では、むしろ行政の「私法への逃避」を妨止するという視点が重要になったのではないか。しかし、疑わしい場合は、原則として私法的処理をすべきだという一般的な考え方が定着している現状では、私の考え方は主張し難いよ。

【6】 行政上の法律関係における私法規定の適用

◇T 次に、公法・私法の区別の問題に関連して、「公法関係における私法規定の適用」の問題を整理しておきましょう。公法関係というのは公法の規定が適用される関係のことですから、それに私法が適用されるかどうかの問題は生じない。これは、精確には、行政上の法律関係における私法規定の適用の問題です。判例は、どのような解決を示してきたか。報告して下さい。

◆S はい。行政上の法律関係を補充し、あるいはその欠缺《けんけつ》を埋めるために、私法規定が適用ないし類推適用された主な例は、次の通りです。また、適用ないし類推適用されなかった例もあげておきます。

① 一般的法原則を示している私法規定（民一条二項の信義誠実の原則、同三項の権利濫用の禁止）や法の技術的性質を有する私法規定（例えば、期間の計算に関する民一三八条～一四三

条の規定）は行政上の法律関係にも適用ないし類推適用される（信義則につき、判例 最判昭和五〇・二・二五民集二九巻二号一四三頁、判例 最判昭六二・一〇・三〇判時一二六二号九一頁。不当利得につき、判例 最判昭四九・三・八民集二八巻二号一八六頁。取得時効の成立につき、判例 最判昭五一・一二・二四民集三〇巻一一号一一〇四頁）。

②農地買収処分および未墾地買収処分による国の所有権取得については、民法一七七条の適用がある（判例 最判昭四一・一二・二三民集二〇巻一〇号二一八六頁）。

③農地買収処分には、民法一七七条の適用はない（判例 最判昭二八・二・一八民集七巻二号一五七頁）。

④行政上の法律行為については、原則として、民法による意思表示に関する規定や債権債務に関する規定が適用または類推適用される（例えば、表見代理に関する民法一一〇条につき、判例 最判昭三四・七・一四民集一三巻七号九六〇頁。金銭債権の消滅時効に関する民法一六七条につき、判例 最判昭四一・一一・一民集二〇巻九号一六六五頁。）。

⑤行政行為には、虚偽表示に関する民法九四条二項、錯誤に関する民法九五条の適用がない（判例 最判昭二八・六・一二民集七巻六号六四九頁）。

⑥公営住宅の使用関係には、原則として、民法・借家法の適用がある（判例 最判昭五九・一

二・一三民集三八巻一二号一四一一頁）。

⑦公営住宅の明渡請求については借家法一条の二の適用はない（判例 最判昭六二・二・一三判時一二三八号七六頁）。

⑧公営住宅の使用権の承継については、民法および借家法の適用はない（判例 最高判事平成二・一〇・一八民集四四巻七号一〇二一頁）。

◇T　結構ですね。私の立場では、行政上の法律関係に私法が補充的に適用される場合、それは行政がいわば公法のレベルにあって私法の規定を公法として転用していることになる。どういう場合に私法の規定が転用されるか、それを判例が、法律の趣旨・目的、行政作用の内容などに基づき具体的な個別的関係について、審査している、ということになりますね。

しかし、問題は、行政の事実行為、例えば行政指導や騒音、振動、悪臭、排気ガスなどの公害をどう見るかです。行政指導は公法的に処理されているといえますが、公害などには、公法的色彩とか私法的色彩といった色彩がついていない、いわば中立的な事実行為ないし状態です。したがって、これらは公法的にも私法的にも理論構成することができるといえます。有名な大阪国際空港事件がありますが、知っているでしょう。どういう事件でしたか。

◆S　はい。この事件は、原告らが大阪国際空港に離着陸する航空機の騒音・振動・排気ガスにより身体的・精神的被害、生活妨害等を被ったと主張し、空港の設置者である国を被告として、午後九時から翌朝七時までの同空港の使用差止め、過去および将来に係る損害賠償の支払を求める民事訴訟を提起したものです。

注目されたのは、最高裁の「本件空港の離着陸のためにする供用は運輸大臣の有する空港管理権と航空行政権という二種の権限の、総合的判断に基づいた不可分の一体的な行使の結果であるとみるべきであるから、右……のような〔原告らの〕請求は、事理の当然として、不可避的に航空行政権の行使の取消変更ないしその発動を求める請求を包含することとなるものといわなければならない。したがって、右〔原告〕らが行政訴訟の方法により何らかの請求をすることができるかどうかはともかくとして、上告人に対し、いわゆる通常の民事上の請求として前記のような私法上の給付請求権を有するとの主張の成立すべきいわれはないというほかはない。」という判断でした（判例 最判昭和五六・一二・一六民集三五巻一〇号一三六九頁＝大阪国際空港訴訟）。

◇**T** 学説・判例は、それまで、国が設置した公共施設から生じる公害に対する防御も、民事上の差止請求によって、これを実現できるものとしてきました。したがって、この判決については、学説はほとんど一致して、航空行政権と空港管理権との一体不可分という公権力に関する一体的把握について批判をしているわけですが、その後の最高裁判例には、自衛隊機から生じる公害（侵害）を「公権力の行使」と同置しているものもあって〔判例〕最判平五・二・二五民集四七巻二号六四三頁＝厚木基地訴訟）、最高裁の「公」の観念は広がりを見せているということができます。航空機騒音のような、繰り返し行われる事実上の侵害および障害に対する予防的な防御訴訟は現代型訴訟であり、その意義は大きい。したがって、これをどのように理論構成するかという問題は大変重要です。私は、国の公共施設からの公害の問題はこれを公法的に理論構成する必要があり、これに対する防御訴訟は、行政事件訴訟法を改正して、公法上の差止訴訟という類型を法定する必要があると思います。平成一六年六月の改正行政事件訴訟法三条七項では、行政処分の「差止めの訴え」が法定されましたが、むしろ重要なのは、行政処分以外の公権的な事実行為に対する差止訴訟という類型を法定することだと思いますね。どうしても、行政による権力的な妨害を排除できる訴訟類型が必要だということを強調したいわけです。

◆S　分かりました。包括的かつ実効的な権利保護なき国家は、法治国家というに値しない、ということですね。

❖第四問❖ 行政裁量とは何か。

■行政裁量とは法律の枠の中で行政機関に認められる一定の行為または判断の自由の余地をいう■

◇**T**……先生
◆**S**……学生

【1】 行政裁量の意義

◇**T** 行政裁量とは何か、ということから始めましょう。調べてきましたか。

◆**S** はい。行政裁量とは、法律の枠の中で、行政に対し、一定の範囲で認められる行為または判断の自由の余地をいう、と定義することができます。

◇**T** 結構ですね。本書第一問で勉強したように、法律による行政の原理のねらいは、法律によって行政の活動を拘束することでした。したがって、法律による行政の原理によれば、行政作用の法的根拠、すなわち法律要件と法律効果は一義的に明確に定められていることが望ましいことになります。それなのに、行政裁量を認めることは、法律による行政の原理に矛盾しませんか。

◆**S** 確かにそういう側面がありますが、しかし立法者は、考えられるあらゆるケースについて、行政がどのような場合にどのような行動をすべきかを詳細かつ一義的に規律することはできません。これは不可能です。したがって、立法者は、法律の目的を実現するために、具体的事情に応じて行政が適切に行動することができるように、法律の適用に際し、行政に対して、裁量の余地を認めざるを得ないわけです。そして、むしろ事情によっては、そのほうが具体的場合の妥当な解決を期待できるので、法律自体が行政裁量を認めているわけです。ですから、法律による行政の原理に反するものではないと思います。

◇**T** 行政裁量は、行政立法、行政行為、行政計画、行政強制などの行政作用について考えることができます。ただ、従来から、行政行為についての裁量が行政裁量の中心で、行政事件訴訟との関係からも、行政行為についての裁量が最も重要ですから、以下には、行政行為についての裁量論に議論を絞ることにしましょう。

【2】行政裁量の現象形態

◇**T** 次は、行政裁量はどのような形で現れるか、あるいは法律のどの部分に存在するかという問題です。この点は、どうでしょう。

◆**S** 行政裁量は法律から生じるので法律の構造を分析をする必要があります。行政活動を拘束する法律の規定は、通常、法律要件（＝いかなる場合に）と法律効果（＝いかなる行為を行うか）からできており、法律要件に該当する具体的事実が認定されたときに、法律効果が生じるという構造になっています。例えば、国家公務員法八二条は、職員が「国民全体の奉仕

法律の構造

行政活動を拘束する法律の規定は、

❶	法律要件	いかなる場合に
❷	法律効果	いかなる行為を行うか

者にふさわしくない非行のあった場合」（＝法律要件）に該当するときは、「懲戒処分として、免職、停職、減給又は戒告の処分をすることができる。」（＝法律効果）と規定しています。したがって、法律の適用は、処分の手続を含め、次の五つの段階に整理することができます。

①事実の調査と認定、すなわち、具体的事実として何が生じたかの認定の問題です。

②法律要件の内容の解釈、例えば、国民全体の奉仕者にふさわしくない「非行」とは、どのような行為を意味するか、という法解釈の問題です。

③包摂、すなわち、具体的事実を法律要件に当てはめることです。

④法律効果の確定、例えば、懲戒処分をするかどうか、処分をするとした場合、免職～戒告の処分のうち、どの処分をするかという処分の選択の問題です。

⑤処分手続と処分時期の選択

法律の規定が法律要件と法律効果の両面において、厳格で一義的に明確に定められている場合には行政に裁量の余地はない。例えば、「三百三十万円以下の金額」（所税八九条一項）、「定期の健康診断」（結核四条）など数量または具体的事実を示す概念や「……しなければならない。」という規定がそうです。しかし法律が、あいまいで多義的な不確定概念を用いて法律要件を定

(i)	要件裁量（判断裁量）	法律要件を認定する場合	・あいまいで多義的な概念
(ii)	効果裁量（行為裁量）	法律効果において行政処分の選択の自由が認められている場合	・「〜することができる」

行政裁量が現れる場合

めている場合や法律効果の面が「……することができる。」という規定になっている場合には、法律の規定が、行政に対し、その判断について裁量の余地を認める趣旨なのかどうかが問題となります。多義的な不確定法概念とは、例えば、「非行」(国公八二条)、「公益上必要があると認めるとき」(漁業三九条一項)、「著しく善良の風俗若しくは清浄な風俗環境を害し、又は少年の健全な育成に障害を及ぼすおそれがあると認められるとき」(風俗二六条一項)、「災害の防止上支障がないもの」(原子炉規制二四条一項四号)などです。

したがって、行政裁量は、通常、(i)法律要件を認定(＝解釈または適用)する場合、(ii)法律効果において行政処分の選択の自由が認められている場合に現れるということになります。(i)の場合に現れる裁量を「要件裁量」または「判断裁量」といい、(ii)の場合に現れる裁量を「効果裁量」または「行為裁量」ということができます。

◇**T**　大変結構です。

【3】 要件裁量の内容

◇**T** 次に、要件裁量に行きましょう。要件裁量論は、どのような内容をもっているか。説明して下さい。

◆**S** はい。要件裁量の問題は、結局は、不確定法概念の解釈適用の問題です。従来、一般に不確定概念は、抽象的にはあいまいで多義的な概念であるように見えても、具体的場合については合理的解釈によって、その内容が客観的・一義的に決まる筈であるというように考えられてきました。したがって、「公益」概念を裁量とみる学説（例えば、佐々木惣一『改版日本行政法総論』六九頁以下、大一三・有斐閣）があったものの、一般に不確定法概念の解釈・適用については行政に裁量判断の余地を認めるものではなかった、ということができます。例えば、美濃部達吉博士によれば、「不確定概念の内容は常に客観的に一定しており、不確定法概念の具体的場合における認定については、いかなる場合にも、行政庁に任意の判断の余地はなく、その認定は社会的普通の見解による客観的な標準によるべきであって、認定の誤りは違法を構成する」（美濃部達吉『行政裁判法』一四八頁以下・昭四・千倉書房）というわけです。この通説的な見解によれば、行政裁量は、不確定法概念を含む法律要件の認定の自由にあるのではなく、法律要件を認定したうえで、行政処分を行うかどうかを決定する自由にあることになる。すなわち、行政裁量は、要件裁量としてではなく、効果裁量として存在するということになります。そしてこれを、普通、効果裁量説といっているわけです。

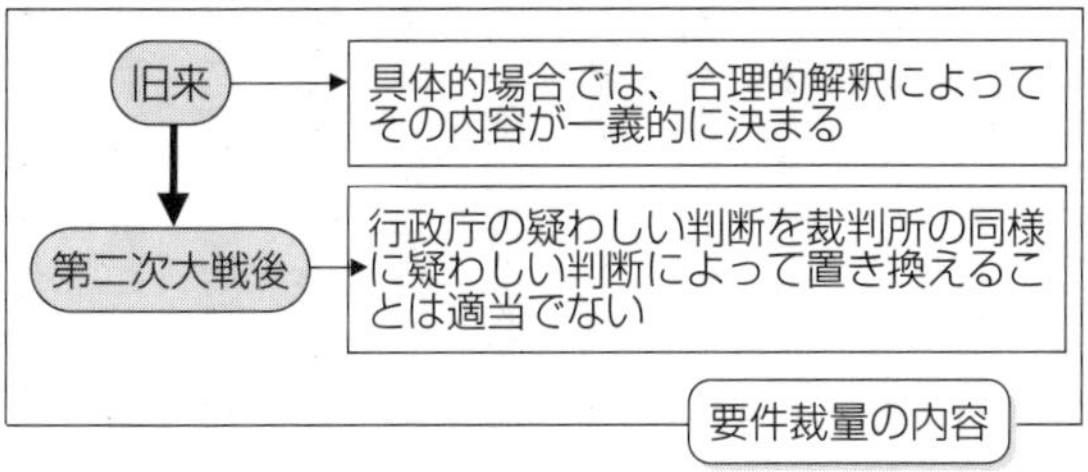

しかし第二次世界大戦後、価値観の相対化を背景として、法解釈の複数の可能性という考え方が支配的となりました。実際、予測決定、リスク評価、価値判断などを必要とする不確定法概念を解釈し適用する場合には、その解釈や価値判断などに客観的基準が存在せず、複数の解釈・適用がともに成り立つように見えます。このような場合には、行政庁の疑わしい判断を裁判所の同様に疑わしい判断によって置き換えることは許されない、もしくは適当でないということができると思われます。これが一定の不確定法概念の適用について行政庁に判断余地を認める理由であるということになります。

判例は、政治政策的または専門技術的な知識と経験を必要とする不確定法概念の解釈・適用の場合に、政治政策的裁量または専門技術的裁量を認め、専門家たる行政の判断を尊重しなければならない、としています。とくに判例理論が、現代の行政機能における専門技術性の増大を背景として、専門技術的裁量という類型を登場させ、要件裁量が拡大して行く傾向を追認し、これが判例理論として定着したことが注目されます。これは裁判官の判断能力の事実上の限界をもって行政裁量を根拠づけるものです。しかし、行政庁は昔のように専門知識を独占しているわけではなく、産業界も学界もともに高度の専門知識をもっていて、行政庁の専門知識はむしろ産業界や学界の一部の権威的な専門知識を鵜呑みにしたものにすぎないことが多いようですから、専門知識があるというだけでは行政裁量を根拠づけ、裁判所の法的コントロールを排除できる理由とはならないのではないでしょうか。

◇**T**　そうですね。学説でも、行政庁と裁判所の機能から見て、いずれの判断を尊重すべきであるかという視点から、裁量問題を解決すべきであるという考え方が支配的になっていますね。しかし、高度の専門技術的判断を必要とする場合は、例えば評判になったテレビ・ドラマ「白い巨塔」での医療過誤の裁判が鑑定裁判になったことでも分かるように、裁判官は、高度の専門的・技術的判断については、結局、鑑定を利用しなければならない。ところが、原発訴訟のような科学裁判といえるような場合に、なぜ、被告行政庁の判断を尊重することになるのか。判例の説明は、どうも納得できないですね。

【4】要件裁量についての判例

◇**T** 最高裁は、政治政策的裁量および専門技術的裁量について、どのような判断を示しているか、判例に即して見てみることにしましょう。どうぞ。

◆**S** 最高裁は、次のような判断を示しています。

●温泉法第四条〔現一項一号・二号〕にいう「その他公益を害する虞があると認めるとき」の認定について、最高裁は、「温泉源を保護しその利用の適正化を図る見地から許可を拒む必要があるかどうかの判断は、主として、専門技術的な判断を基礎とする行政庁の裁量により決定さるべき事柄であって、裁判所が行政庁の判断を違法視し得るのは、その判断が行政庁に任された裁量権の限界を超える場合に限る……。」と判示した（判例 最判昭三三・七・一民集一二巻一一号一六一二頁）。

●出入国管理令二一条三項にいう「在留期間の更新を適当と認めるに足りる相当の理由」の認定について、最高裁は、「在留期間の更新事由が概括的に規定されその判断基準が特に定められていないのは、更新事由の有無の判断を法務大臣の裁量に任せ、その裁量権の範囲を広範なものにする趣旨からであると解される。……法務大臣は、在留期間の更新の拒否を決定するにあたっては、……申請者の申請事由の当否のみならず、当該外国人の在留中の一切の行状、……など諸般の事情をしんしゃくし、時宜に応じた的確な判断をしなければならないのであるが、このような判断は、事柄の性質上、出入国管理行政の責任を負う法務大臣の裁量に任せるのでなければとうてい適切な結果を期待することができないものと考える。」と判示した（判例 最判昭五三・一〇・四民集三二巻七号一二二三頁＝マクリーン事件）。

●原子炉等規制法二四条一項四号にいう「災害の防止上支障がないもの」の認定について、最高裁は、原子炉施設の安全性に関する「審査においては、原子力工学はもとより、多方面にわたる極めて高度な最新の科学的、専門技術的知見に基づく総合的判断が必要とされるものであることは明らかである。そして、規制法二四条二項が、内閣総理大臣は、原子炉設置の許可をする場合においては、同条一項三号（技術的能力に係る部分に限る。）及び四号所定の基準の適用について、あらかじめ原子力委員会に意見を聴き、これを尊重しなければならないと定めているのは、右のような原子炉施設の安全性に関する審査の特質を考慮し、右各号所定の基準の適合性については、各専門分野の学識経験者等を擁する原子力委員会の科学的、専門技術的知見に基づく意見を尊重して行う内閣総理大臣の合理的な判断にゆだねる趣旨と解するのが相当である。」と判示した（判例 最判平四・一〇・二九民集四六巻八号一一七四頁＝伊方原発訴訟）。

●学校教育法二一条一項・四〇条・五一条に基づく小中高校の教科書検定について、最高裁は、「検定の審査、判断は、申請図書について、内容が学問的に正確であるか、中立・公正であるか、教科の目標等を達成する上で適切であるか、児童、生徒の心身の発達段階に適応しているか、などの様々な観点から多角的に行われるもので、学術的、教育的な専門技術的判断であるから、事柄の性質上、文部大臣の合理的な裁量に委ねられる……。」と判示した（判例 最判平五・三・一六民集四七巻五号三四八三頁＝第一次教科書訴訟）。

【5】 効果裁量の内容

◇T 次に、効果裁量論に行きましょう。説明して下さい。

◆S はい。「……することができる。」という規定は、通常、効果裁量＝処分の選択の自由を認める趣旨を示す規定であると解されています。例えば、国家公務員に「非行」に該当する事実があったことを認定したうえで、懲戒処分として、免職や減給の処分をすることができるし、

❶	裁量基準	行政は自ら定めた裁量基準によって自分自身が拘束される
❷	「……することができる」規定の意味変換	権限行使の指示を意味する場合「……しなければならない」と解釈される
❸	裁量収縮	唯一の決定だけが許される

効果裁量の制約

あるいは懲戒処分をしないこともできる。したがって効果裁量は、侵害処分を受けるべき国民にとっては有利に働き、授益処分を受けられる国民にとって不利に働くことがあります。しかし法律要件に該当する事実を認定しておきながら、処分や権限行使をしたり、しなかったりする自由を無制限に認めることは問題であるといえます。したがって、効果裁量には次のような制約を認めなければならないわけです。

まず、①裁量基準があります。

行政庁は、法律によって認められた裁量の範囲内で、その裁量に任された事項について裁量権行使の基準を定め、統一的な裁量行使の確保を図らなければなりません（行手五条、一二条）。これを裁量基準といいます。裁量基準が公表され、それに基づく行政実務が形成されると、行政は自ら定めた裁量基準によって自分自身が拘束され、適法な裁量基準からの逸脱は、そのための客観的理由がなければ、平等原則違反として違法となります。つまり、効果裁量は裁量基準の制約を受けるわけです。

二番目は、②「……することができる」規定の意味変換です。「することができる」規定には、裁量の授権を意味する場合と権限行使の指示を意味する場合があります。権限行使の指示を意味する場合は、「……することができる」規定は、「……しなければならない。」というように解釈しなければならず、このような場合には、権限不行使は行為義務違反として違法となるわけです。とくに授益的行政処分の場合には、法律要件を認定する際に、処分をするかどうかについての考慮事項がすべて考慮されてしまうときは、「……することができる」規定のもつ裁量性は失われて、「……しなければならない」規定に変換すると解すべきである、といえます。

三番目は、③裁量収縮です。

これは、法律上、行政裁量が認められている場合に、特別の具体的事情により、唯一の決定のみが瑕疵なきものとなり、他の決定がすべて瑕疵あるものとなるというように、裁量がゼロに収縮してしまう場合です。これが裁量収縮で、裁量権の消極的限界であるということができます。裁量収縮の結果、行政機関は、権限行使・行政介入の義務を負うことになります。この場合、裁量を収縮させる「特別の具体的事情」というのは、通説および下級審の判例によれば、ⅰ生命、身体、財産に重大な損害をもたらす危険があり、ⅱこうした危険が行政側の権力行使によって容易に阻止することができ、かつ、(iii) 民事裁判その他、被害者側に危険回避の手段や可能性がない場合である、とされています。

◇**T**　今君が説明した裁量収縮論は、一九二〇年代のドイツで認められた水準のもので、今日では厳しすぎるのではないか。現代法治国家においては、生命、身体、財産に対する中程度の危険強度の場合でも、行政機関の権限不行使（怠慢）について何ら正当な理由もない場合には、不当な消極的態度を理由とする裁量収縮を認めるべきである、と思いますね。しかし最高裁は、裁量収縮論を採用していません。

◆**S**　そうしますと、権限不行使の違法はどういう場合に生じることになるのですか。

◇**T**　裁量権の消極的踰越《ゆえつ》に当たる場合です。判例の表現によれば、「その不行使が著しく不合理と認められるとき」（判例 最判平元・一一・二四判時一三三七号四八頁）ということですね。この問題は、行政権限の不行使と国家賠償責任を考えるときに、とりあげることにして、次に、効果裁量についての判例を見ることにしましょう。

【6】 効果裁量についての判例

S　最高裁は、次のような判断をしています。

●国家公務員法八二条について、「公務員につき、国公法に定められた懲戒事由がある場合に、懲戒処分を行うかどうか、懲戒処分を行うときにいかなる処分を選ぶかは、懲戒権者の裁量に任されているものと解すべきである。」と判示した（判例 最判昭五二・一二・二〇民集三一巻七号一一〇一頁＝神戸税関事件）。

●裁量基準について、最高裁は、「行政庁がその裁量に任された事項について裁量権行使の準則を定めることがあっても、そのような準則は、本来、行政庁の処分の妥当性を確保するためのものなのであるから、処分が右準則に違背して行われたとしても、原則として当不当の問題を生ずるにとどまり、当然に違法となるものではない。」（判例 最判昭五三・一〇・四民集三二巻七号一二二三頁＝マクリーン事件）と判示していて、裁量基準の外部法化を認めていません。しかし伊方原発訴訟では、審査基準の外部法化を認めているのではないかと思います。

警察官職務執行法四条一項は、「警察官は、人の生命若しくは身体に危険を及ぼし、又は財産に重大な損害を及ぼす虞のある……危険な事態がある場合においては、……その事物の管理者その他関係者に対し、危害防止のため通常必要と認められる措置をとることを命じ、又は自らその措置をとることができる。」と規定しているが、新島漂着砲弾爆発事件について、最高裁は、「(判決要旨) 島民等は絶えず爆発による人身事故当の発生の危険にさらされていたが、この危険を通常の手段では除去することができず、放置すれば島民等の生命、身体の安全が確保されないことが相当の蓋然性を持って予測されうる状況のもとにおいて、警察官がこれを容易に知りうる場合には、警察官において自ら又は他の機関に依頼して、積極的に砲弾類を回収するなどの措置を講じ、砲弾類の爆発による人身事故等の発生を未然に防止する措置をとらなかったことは、その職務上の義務に違背し、違法である。」と判示しています(判例 最判昭五九・三・二三民集三八巻五号四七五頁)。

【7】 伝統的な行政裁量論

◆**S** いろいろ調べてみますと、行政裁量については、法規裁量・自由裁量という視点で説明している著書が多いようですが、先生はその点どういうお考えでしょうか。

◇**T** それは、戦前の伝統的な行政裁量論に基づいているもので、いわば立憲君主制理論です。それは、次のような理論構成をとっています。

行政裁量は行政行為についての裁量であり、行政行為は羈《き》束行為と裁量行為に分けられ、裁

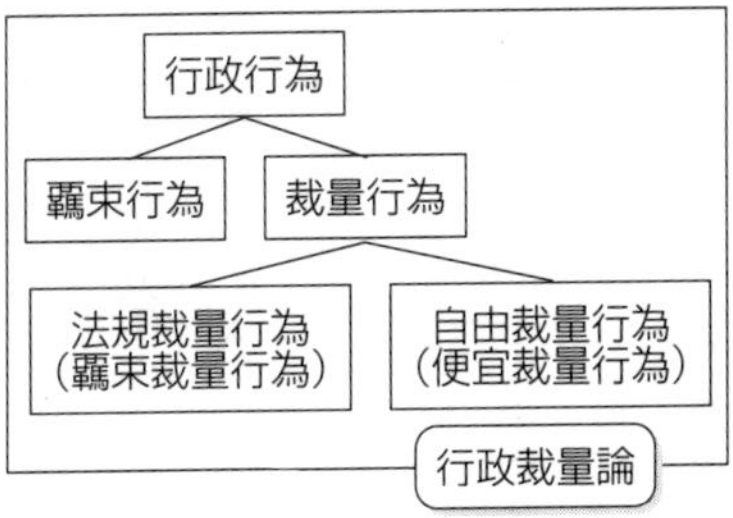

量行為はさらに法規裁量行為（羈束裁量行為）と自由裁量行為（便宜裁量行為）とに区別される。法規裁量は、何が法であるかの裁量で、すなわち法令の明文のほかに法の一般原則などの拘束を受け、したがって、法の予定する客観的な基準が存在し、それを誤れば違法の問題が生じ、裁判所のコントロールを受ける場合です。これに対して自由裁量とは、何が行政目的または公益に適合するかの裁量で、行政がその判断を誤っても当・不当の問題が生じるだけで、違法の問題が生じない、したがって裁判所のコントロールを受けない場合です。しかし、自由裁量といっても常に一定の限界があって、裁量権が法の許容した範囲を超えまたは裁量権の濫用があった場合には、自由裁量行為は違法となり、裁判所のコントロールを受けます。かくして自由裁量論の中心課題は、裁判所のコントロールを受ける法規裁量と裁判所のコントロールを受けない自由裁量との区別の基準を何に求めるかという点におかれました。

そして、法規裁量と自由裁量との区別の基準については、法の規定の仕方を標準とする説、行為の性質を標準とする説、法の趣旨・目的の合理的解釈による説および裁判所の判断能力による説などが代表的学説でしたが、行為の性質を基準とする説および法の趣旨・目的の合理的解釈による説が支配的学説を形成し、裁判所の判断能力による説が現在の判例理論の基調となっている、といっていうことができます。

行為の性質による説としては、美濃部達吉博士が主張した学説が有名で、これを自由裁量に関する美濃部三原則といいます。それは、ⓘ人民の権利を侵し、これに負担を命じ、またはその自由を制限する処分は、いかなる場合でも自由裁量の行為ではない。ⓘⓘ人民のために新たな権利を設定し、その他人民に利益を与える処分は、法律がとくに人民にその利益を要求する権利を与えている場合を除き、原則として自由裁量行為である。ⓘⓘⓘ直接に人民の権利義務を左右する効果を生じない行為は、法律がとくに制限を加えている場合を除いて、原則として自由裁量の行為である、というものです（美濃部達吉『行政法撮要上巻・第四版』四三頁以下・昭和九・有斐閣）。

さて、現行憲法のもとでは、法から全く自由な「自由裁量」という観念は存在することができず、いわゆる「自由裁量」も法律の授権の目的に従って行使され、裁量の法律上の限界を守らなければなりません。つまり法規裁量と自由裁量の区別は相対化したのです。

この点について判例も、「行政処分につき自由裁量といい、羈束裁量といっても、両者は本質的な相違があるものではなく、要は裁量の許される範囲につき広狭の差異が認められるにすぎ（ない）」と判示しています（判例 東京地判昭二八・四・二八行集四巻四号九五二頁）。

現行法上、司法から完全に独立という意味の自由裁量という観念は消滅したことにあると思いますね。

今日は、この位にしておきましょう。

❖第五問❖　行政裁量は、どのような法的コントロールを受けるか。

■行政裁量は、「裁量権の範囲をこえ又はその濫用があった場合に」（行訴三〇条）、裁判所の法的コントロールを受ける■

◇T……先生
◆S……学生

【1】 裁量の不審理の原則

◇T 第五問は、行政裁量はどのような法的コントロールを受けるかという問題です。伝統的な行政裁量論によれば、裁判所は行政裁量については審査権を及ぼすことができない。裁量問題は、裁判所による法的コントロールを受けない行政の判断または行為の自由であるという理解が通説的なものでした。なぜ、このような裁量不審理の原則が認められていたのでしょうか。この点、調べてみましたか。

◆S はい。理由としては二つあったと思います。一つは、伝統的学説によると、自由裁量とは、行政がその判断を誤っても当・不当の問題が生じるだけで、違法の問題は生じない、したがって裁判所の法的コントロールを受けないという理解だった。ただ例外として、裁量に瑕疵があり、行政処分が違法となる場合に限って、裁量について裁判所の審査権が及ぶことを認めていた、という理論構成をとっていました。つまり、自由裁量の踰《ゆ》越・濫用の法理は、裁量の本質論を補完するものにすぎなかったといえます。もう一つは、旧行政裁判所時代には、出訴事項が制限されており、裁量審理が問題となる事件が極めて少なく、裁量の踰越・濫用の法理は現実には機能しなかった。ですから、行政裁量については、実際上、裁量不審理の原則が定着したということです。

◇**T** そうですね。自由裁量は、裁判所の法的コントロールに服することのない行政のいわば「聖域」だったわけですね。戦後はどうなったでしょうか。

◆**S** 戦後は事情が変わりました。行政事件訴訟法三〇条が「行政庁の裁量処分については、裁量権の範囲をこえ又はその濫用があった場合に限り、裁判所は、その処分を取り消すことができる。」と規定しました。したがって、自由裁量とは何かという本質論はさておき、「裁量権の範囲をこえ又はその濫用があった場合」とは、どんな場合をいうのか、裁判所のコントロールはどうあるべきかという問題が、現実的な問題として、裁量論の前面に出ることになったわけです。

◇**T** では、裁判所のコントロール方式について、説明して下さい。

◆**S** はい。行政裁量の場合、行政が最終決定を行い、裁判所は行政決定を事後的に審査する。すなわち、裁判所は、原則として、行政庁の考慮に自己の独自の考慮を代置するのではなく、行政庁の考慮を事後的に法的見地に立ってコントロールする、つまり事後的審査に限定されるということです。判例も、「裁判所が、右の処分（＝懲戒処分）の適否を審査するにあたっては、懲戒権者と同一の立場に立って懲戒処分をすべきであったかどうか又はいかなる処分を選択すべきであったかについて判断し、その結果と懲戒処分とを比較してその軽重を論ずべきものではな（い）」と判示しているわけです（判例 最判昭五二・一二・二〇民集三一巻七号一一〇一頁＝神戸税関事件）。これが行政裁量に対する法的コントロールの方式です。

【2】 裁量瑕疵論

◇T 次に、「裁量権の範囲をこえ又はその濫用があった場合」とは、どんな場合であるかを見ましょう。どうぞ。

◆S 行政裁量は、裁量権の範囲をこえ（裁量権の踰越）または裁量権の濫用があった場合に、違法となり、裁判所の法的コントロールを受ける。裁量権の踰越とは、裁量が客観的限界を超え、裁量を認めたことによっていかなる場合にも容認できない処分をした場合であり、裁量権の濫用とは、裁量の客観的限界は守られているが、裁量の主観的限界を意図的または誤って逸脱した場合である。しかし、裁量権の踰越と濫用は、その法的効果は同じですから、これを厳格に区別する必要はなく、両者を裁量権の限界の問題として処理すれば十分である。判例もそのようにし

裁量権の限界の審査基準

ⅰ	実体的（結果的）コントロール
ⅱ	手続的（判断過程）コントロール
ⅲ	主観的（動機）コントロール

ています。

◇**T**　結構ですね。判例では、行政裁量について、裁量権の踰越・濫用がなかったかどうかの審査基準として、多彩なコントロールの方式を展開していますね。それは、ⓘ実体的（結果的）コントロール、ⓘⓘ手続的（判断過程）コントロールⓘⓘⓘおよび主観的（動機）コントロールの三つに大別できるでしょう。それでは、判例について説明して下さい。

【3】実体的（結果的）コントロール

◆**S**　第一は、実体的（結果的）コントロールです。次の場合、行政裁量は違法となります。

最初は、①事実誤認や事実評価に合理性がないなど不適切な事実認定に基づいている場合です。事実は真実であるか真実でないかのいずれかですから、事実の認定はもともと裁量の問題ではない筈です。しかし、これを裁量の踰越・濫用の問題として捉えるのは、事実の認定にはしばしば事実調査の不十分さ、当該事実に対する不当な評価を伴うことが多く、その点で裁量と密接に関係するからです。

● 「学生の行為に対し、懲戒処分を発動するかどうか、懲戒処分のうちいずれの処分を選ぶかを決定することは、その決定が全く事実上の根拠に基づかないと認められる場合」は違法となる（判例 最判昭二九・七・三〇民集八巻七号一五〇一頁＝京都府立医大事件）。

●「その判断が全く事実の基礎を欠（く）……ことが明らかである場合に限り、裁量権の範囲をこえ又はその濫用があったものとして違法となるというべきである。したがって、裁判所は、……その判断の基礎とされた重要な事実に誤認があること等により右判断が全く事実の基礎を欠くかどうか、又は事実に対する評価が明白に合理性を欠くこと等により右判断が社会通念に照らして著しく妥当性を欠くことが明らかであるかどうかについて審理（する）」（判例 最判昭五三・一〇・四民集三二巻七号一二二三頁＝マクリーン事件）。

◇T 学生や外国人に対する処分についての、事実認定に対する明白性コントロールという類型を一般的なコントロール方式として認めることができるか。これは本書第七問で、再検討することにしましょう。

◆S 二番目は、②比例原則や平等原則など行政作用の一般的原則に反している場合です。

ⓘ 比例原則

裁量が抽象的には許容されているが、具体的場合に、不適当・不必要な処分をなし、また最小限度の処分を選ばなかった場合に、裁量処分は比例原則違反となります。要するに過度の処分の禁止です。

◇**T** 注意を要するのは、比例原則は、裁量権の行使に制約を加え裁量の幅を狭くする法原則であるが、必ずしも行政裁量を否定する法原則として機能するわけではないということです。

◆**S** 判例が、行政処分が「社会観念上著しく妥当を欠く」場合、すなわち著しい比例原則違反がある場合に行政処分を違法としているのは、そういうことですね。次のような判例があります。

●回転禁止区域で回転違反行為をした原告に対する自動車運転免許取消処分について、第一審では、原告の「回転違反に対し本件取消処分が適当な比例を保っているかどうか」を審査し、本件認定事実を「総合しても本件取消処分を首肯せしめるに足るほど悪質重大な情状であるとまではいいがたい」として取消処分を取り消していますが、上告審では、「本件処分を比例原則に違反し著しく公正を欠く裁量を行った瑕疵ある行政処分」とすることはできないとして、第一審判決が取り消されています（判例 最判昭三九・六・四民集一八巻五号七四五頁）。

●また、大牟田市福祉事務所長が行った生活保護廃止処分について、「これらの事情を総合して判断すると、……平成五年一〇月の時点で、直ちに最も重大な保護廃止処分を行ったことは重きに失し、処分の相当性において、保護実施機関に与えられた裁量の範囲を逸脱したものというべきであって、本件処分は違法な処分といわざるを得ない。」という判決があります（判例 福岡地判平一〇・五・二六判時一六七八号七二頁）。

ⅱ 平等原則

平等原則は、単に形式的に、裁量の内容が常に他の場合と同一であることを要求するものではない。恣意による平等原則違反が問題である。恣意の禁止とは、裁量が法の趣旨・目的に従って行使されるべきことを意味するから、裁量における平等原則違反は法目的違反と競合することがあります。

- 「行政庁は、何らいわれなく特定の個人を差別的に取り扱いこれに不利益を及ぼす自由を有するものではなく、この意味においては、行政庁の裁量権には一定の限界があるものと解すべきである。」（判例 最判昭三〇・六・二民集九巻七号九三〇頁）。
- 「事柄の性質に即応して合理的と認められる差別的取扱をすることは、……裁量権の範囲を逸脱したもの（でない）」（判例 最判昭三九・五・二七民集一八巻四号六七七頁）。

また、行政は、行政実務・行政慣行・裁量基準などによって自ら拘束され、行政庁は、十分な客観的理由なくして、行政実務や裁量基準から逸脱することができない。裁量基準を逸脱した行政処分は平等原則違反となることがあります。

三番目は、③一般的判断基準（社会通念など）に反している場合です。

「その判断が……社会通念上著しく妥当性を欠くことが明らかな場合に限り、裁量権の範囲を超え又はその濫用があつたものとして違法となるというべきである。」（判例）最判昭五三・一〇・四民集三二巻七号一二二三頁＝マクリーン事件）。

実体的コントロールについては、以上です。

【4】手続的（判断過程）コントロール

◇T　次に、手続的（判断過程）コントロールについて、説明しましょう。

手続的コントロール方式は、行政処分の実体的内容の審査に立ち入ることなく、裁判所は、処分の手続ないし判断過程の合理性を審査するという方式であって、手続法的裁量論とも呼ばれています。行政が高度に専門化し、行政課程が複雑化した現代的状況のもとでは、不確定法概念の適用についての手続的コントロールは極めて重要な役割を果たすということができますね。

手続的コントロールは、従来、裁量領域とされていた領域に司法審査を及ぼし、当・不当の問題にすぎなかった問題を適法・違法の問題に高めたという点で、より強く国民の法的保護を可能にしたということができる。すなわち、不確定法概念の適用を実体的基準によってコントロールすることが困難な場合に、法律上要求されている考慮事項が十分考慮され、他事考慮がなされていないかどうか、具体的な裁量基準が適正に適用されたかどうか、適正な行政手続が履践されているかどうかなどの手続的テクニックによって、行政処分をコントロールすることができるわけです。このような手続的コントロールは不確定法概念の最善の具体化を保障するものであるともいわれています。判例をどうぞ。

◆**S**　はい。最初は、①明文の手続規定および公正な行政手続に反している場合です。

●道路運送法の個人タクシー事業の免許申請の許否を決する手続において、「多数の者のうちから少数特定の者を、具体的個別的事実関係に基づき選択して免許の拒否を決しようとする行政庁としては、事実の認定につき行政庁の独断を疑うことが客観的にもっともと認められるような不公正な手続をとってはならないものと解せられる。すなわち、右六条は抽象的な免許基準を定めているにすぎないのであるから、内部的にせよ、さらに、その趣旨を具体化した審査基準を設定し、これを公正かつ合理的に適用すべく、とくに、右基準の内容が微妙、高度の認定を要するようなものである等の場合には、右基準を適用するうえで必要とされる事項について、申請人に対し、その主張と証拠の提出の機会を与えなければならないというべきである。免許の申請人はこのような公正な手続によって免許の許否につき判定を受くべき法的利益を有するものと解すべく、これに反する審査手続によって免許の申請の却下処分がなされたときは、右利益を侵害するものとして、右処分の違法事由となるものというべきである。」（判例 最判昭四六・一〇・二八民集二五巻七号一〇三七頁＝個人タクシー事件）。

次は、②他事考慮に基づく場合や裁量判断の方法ないし過程に誤りがある場合です。判断過程の審査方式については、判断過程だけでなく、実体的判断も含んでいるときは実体的判断過程審査方式であるということができます。

●国民の権利自由の規制にかかわる「処分が行政庁の裁量判断に基づいて行われる場合、処分の掌にあたる行政庁は、法の趣旨からして本来考慮に加うべからざる事項を考慮（以下本件において、これを「他事考慮」という。）して処分を行ってはならないことは当然であるから、行政庁は、できるかぎり、他事考慮を疑われることのないような手続によって処分を実施する義務があり、この点においても、いかなる手続を採用するかについての行政庁の裁量権には制約があるのであって、国民は、他事考慮を疑われることのないような手続によって処分を受くべき手続上の保障を享有するものといわねばならない。」判例 東京地判昭三八・一二・二五行集一四巻一二号二二五五頁＝群馬中央バス事件）。

●土地収用法二〇条三号所定の「事業計画が土地の適正且つ合理的な利用に寄与するものであること」という要件についての「判断が前認定のような諸要素、諸価値の比較考量に基づき行われるべきものである以上、同控訴人がこの点の判断をするにあたり、本来最も重要視すべき諸要素、諸価値を不当、安易に軽視し、その結果当然尽くすべき考慮を尽くさず、または本来考慮に容れるべきでない事項を考慮に容れもしくは本来過大に評価すべきでない事項を過重に評価し、これらのことにより同控訴人のこの点に関する判断が左右されたものと認められる場合には、同控訴人の右の判断は、とりもなおさず裁量判断の方法ないしその過程に誤りがあるものとして、違法となるものと解するのが相当である。」判例 東京高判昭四八・七・一三行集二四巻六＝七号五三三頁＝日光太郎杉事件）。

●「原子炉施設の安全性に関する判断の適否が争われる原子炉設置許可処分の取消訴訟における裁判所の審理、判断は、原子力委員会若しくは原子炉安全専門審査会の専門技術的な調査審議及び判断を基にしてされた被告行政庁の判断に不合理な点があるか否かという観点から行われるべきであって現在の科学技術的水準に照らし、右調査審議において用いられた具体的審査基準に不合理な点があり、あるいは当該原子炉施設が右の具体的審査基準に適合するとした原子力委員会若しくは原子炉安全専門審査会の調査審議及び判断の過程に看過し難い過誤、欠落があり、被告行政庁の判断がこれに依拠してされたと認められる場合には、被告行政庁の右判断に不合理な点があるものとして、右判断に基づく原子炉設置許可処分は違法と解すべきである。」（判例 最判平四・一〇・二九民集四六巻六号五七一頁＝伊方原発訴訟）。

●「上告人の措置は、考慮すべき事項を考慮しておらず、又は考慮された事実に対する評価が明白に合理性を欠き、その結果、社会観念上著しく妥当を欠く処分をしたものと評するほかなく、本件各処分は、裁量権の範囲を超える違法なものといわざるを得ない。」（判例 最判平八・三・八民集五〇巻三号四六九頁＝エホバの証人事件）。以上です。

【5】主観的（動機）コントロール

◇**T** 次は、主観的（動機）コントロールですね。どうぞ。

◆**S** 恣意的・報復的目的といった動機の不正がある場合です。

恣意的・報復的目的や不正の動機など主観的要素によって生じる裁量の瑕疵は、処分決定者の動機や意図に遡ってはじめて認識できるものですから、立証が困難で、理由の追完が許されることによって、裁量を違法とすることができる場合は少ないといえます。

次の判例があります。

上告人が現行法上適法になし得るトルコ風呂営業の開業を阻止、禁止することを直接の動機、主たる目的をもって、県知事がなした「本件児童遊園設置認可処分は行政権の著しい濫用によるものとして違法であ（る）」（判例 最判昭五三・五・二六民集三二巻三号六八九頁）というわけです。

（6）コントロール密度

◇**T** 次は、コントロール密度の問題です。

コントロール密度については、(i) 恣意ないし明白性コントロール方式と、(ii) 合理性コントロール方式、さらに (iii) 全面的コントロール方式に整理することができますが、全体的にいえば、行政裁量に対するコントロールは極めて消極的で、希薄なものとなっているといえます。「全く」、「明白に」、「著しく」などの表現は、判例が明白性コントロールの立場にたっていることを示しています。明白性コントロールでも、裁判所が十分権利保護機能を果たして、国民の側もそれで満足できた時代は終わった、というべきだと思いますね。

裁量への審査密度

i	恣意ないし明白性コントロール方式
ii	合理性コントロール方式
iii	全面的コントロール方式

とくに原発の安全性審査に関して裁量の余地を認める行政決定については、明白性コントロールでは十分でない。裁量判断に合理性があるかどうか、説得力のある裁量判断がなされたかどうかという合理性ないし説得性コントロールへ前進しなければならない。この点は、最高裁も「裁量判断に合理性があるかどうか」、「具体的審査基準に不合理な点があるかどうか」(=伊方原発訴訟)という合理性コントロールに踏み出しているといっていい。

また、例えばW・イエリネックが裁量の瑕疵としてあげている「考慮に関する慎重さの欠如、考慮すべきことを無視した場合、間違ったことを考慮した場合」やわが国の判例のいう他事考慮があったかどうかをコントロールする場合は、実体的判断であれ判断過程であれ、裁量判断の全体を審査せざるを得ず、裁量の幅が広ければ広いほど考慮事項が多ければ多いほど、それに対応して、裁判所は裁量権の踰越・濫用がなかったかどうかを審査しなければならない。

◆**S** そんな気もしますが。それは全面的審査ということで、結局、裁量を否定していることではないですか。

◇**T** そうですね。合理性コントロールというのは、適法・違法の審査ばかりではなく、当・不当の審査も含むのだから、裁量の不審理の原則は、裁量の全面的審査へと転化することになるわけです。つまり、行政裁量に対するコントロール密度を濃密化して行けば、行政庁の判断・決定の自由な余地としての裁量あるいは裁判所の法的コントロールを受けつけない筈の行政庁の裁量は、可能な限り公正な決定をすべき法的手段あるいは裁判所の審査をクリアした行政庁の「裁量」へと転化するわですね。

(7) まとめ

◇**T** 最後に、行政裁量のコントロールについて、現段階で、注意すべき点をまとめておきましょう。

①専門技術的裁量を認めるためには、専門知識の中立性が保障される行政の組織と手続が必要である。行政庁の専門技術的知識ないし判断に対する有効なコントロールは、結局、専門知識による専門知識のコントロールによるほかない。裁判所による法的コントロールとしては、行政庁（または専門委員会）の構成・権限から見て、そのような裁量決定を行うにふさわしい行政機関といえるかどうか、および、とくにリスクを伴う科学技術的な問題についてコンサーヴァティブな意見が反映されるような組織と手続が形成されているかどうかと、いう組織法的かつ手続法的コントロールが重要である。

②「社会通念」や「事柄の性質」といった判例理論の裁量コントロール基準は、あまりにも抽象的であって、コントロール密度を認識できない。判例は、これらの点について、説得力のある説明責任を果たすべきである。

③基本的人権に対立する行政決定については、裁判所の全面的なコントロールを及ぼすべきである。したがって、教科書検定における審査、判断について文部大臣の裁量を認める判例や国家試験における合格・不合格の判定は司法審査の対象にならないとする判例（判例 最判昭四一・二・八民集二〇巻二号一九六頁）などは問題であるといわなければならな

い。裁判所は、このようなケースについては、行政決定の手続の透明性という視点からのコントロール機能を果たすことによって、はじめて国民の一般的な信頼を得ることができ、その結果、司法の権威を保つことができるといえるのではないか。

時間になりましたので、今日は、この辺で終わることにしましょう。

◆S1 今日の演習どうだった。なんか変な気がしたけど。

◆S2 そうだよ。最初は、裁量不審理の原則から出発して、終わってみたら、行政裁量の全面的審査の原則、もっと言えば、「行政裁量の否認」になっていた。何だか手品にあったような気分だよ。論理展開のどこが変だったのかなぁ。

◆S3 先生は、僕たちを混乱させようとしているのではないかな。今日は、何かニヤリとしていた。

◆S4 そういうときは、先生が得意になっているときなんだ。反論を期待しているのではないか。

◆S5 そうだね。今度何か難しい質問を用意してきて、先生を困らせてみたいと思っているけど。そういう質問を考えることも簡単でないしなぁ……。

◆S6　でもやっぱり、予習してくることに尽きるよ。演習も盛り上がるし楽しくもなる。

◆S7　そうだね。同感。

❖第六問❖ 公権とは何か。それはどのような機能を果たすか。

◇T……先生
◆S……学生

【1】公権の意義と機能

◇T　今回は、公権について考えることにします。公権の問題は、国民が、国に対し、法による拘束の遵守を要求できるか、どういう要件のもとに、どの程度までそれを要求することができるか、という問題ですね。始める前に、公権と法律上の利益とは同義であることを確認しておきましょう。第二次世界大戦後、権利概念は当然拡大されるべきことが一般的に承認されました。つまり、所有権とか質権とか、選挙権とか恩給権とかのように「権」という名前のついた制定法上の権利だけを厳格に権利と解する傾向を否定して、広く法律上保護に値する利益の権利性を認め、これを「法律上の利益」と表現するようになりました。ですから、権利と法律上の利益とは同義であるということができます。ではまず、権利とは何か、その定義を示して下さい。

◆**S** 権利とは、自己の利益のために、相手方に対し、一定の行為を要求することのできる法律上の力をいいます。権利には私法上の権利と公法上の権利があります。公法上の権利、すなわち公権とは、直接自己の利益のために、国に対し、一定の作為、不作為または受忍を要求することのできる、公法によって認められる法律上の力をいう、と定義することができます。

◇**T** 結構ですね。法理論について、かなり高度の議論をする学生でも、ごく初歩的な質問をすると、まごつくことがあります。法概念について精確な定義を把握しておくことは、とても重要なことですね。例えば、権利ということで、行政に対し一定の行為を求める具体的請求権を考える人と、サンクションのない、または裁判により請求することのできない理念的な権利（例えば、環境権、アクセス権など）を考える人との議論は、噛み合わないことが多いわけです。

◆S わかりました。次に、公権の成立する背景ないし公権の機能について、お教え下さい。

◇T 歴史的背景をごく一般的にいえば、公権は、もともと立憲君主制のもとで成立した概念ですが、それは、公益と私益は基本的に対立するという観念に基づき、公益の問題は国家が独占し臣民が介入できる問題ではないとし、臣民の権利領域を、自由、生命、財産のような臣民の重要な利益に直接関係のある領域に限定することによって、いわゆる「国家と社会」の領域を相互に限界づけるために理論構成されたものであった、といえますね。しかしこのような観念を支えていた思想的基盤は、現行憲法のもとでは、基本的に変わりました。天皇の臣民は国民となって、国民は主権の担い手として、その固有の価値が憲法によって承認され、その権利領域は「社会領域」だけでなく「国家領域」にまで及んで、それは憲法により全面的に保護されます。したがっ

権利とは

- 自己の利益のために、相手方に対し、一定の行為を要求することのできる法律上の力
  - → 私法上の権利
  - → 公法上の権利 ――〔直接自己の利益のために、国に対し、一定の作為、不作為又は受忍を要求することのできる公法によって認められる法律上の力〕

て、公権の範囲は、国家機能の拡大とともに、引き続き拡大されるべきことになったわけです。

また、国民の権利としての公権は、国民だけが法に拘束されるだけでなく、国も法の拘束を受けることを実現するための法的武器であり、公権の実践上の意義はそれを裁判上主張し、貫徹することができるという点にあります。したがって公権を保障するための法制度ないし訴訟類型を整備することは、民主的法治国家の基本的条件であるということになるわけです。

◆**S**　本書の第一問で、「法律による行政の原理」から「行政の法律執行義務」が生じることを学びました。しかし、行政に対して、法律を適正に執行すべきことを求める公権を国民個々人がもっているといえるでしょうか。要するに、行政の法律執行義務に対応する公権は存在するのか、ということで、この点どうもすっきりしないのですが。

◇**T**　私法には、個人の利害を調整し、それを相互に限界づけるという機能があります。したがって私法では、原則として、ある人の法的義務は他の人の法的請求権と向き合っているという関係にありますね。私権は、市民が相互の行動を調整するための法的手段であるわけです。しかし公法では関係は複雑です。行政は公益を目的として活動し、行政法はこのような行政活動を規制している。しかし行政法では、私法の場合と違って、行政の法的義務に必ずしも国民個人の公権が対応しているわけではありません。

法律による行政の原理からは、行政が適法に活動すべきであるという法的義務が生じても、あらゆる行政活動に対抗することのできる国民個人の公権は生じない。誰でもが行政に対し一般的に法律の遵守と執行を要求し、これを訴訟の方法（民衆訴訟）で強要することのできる公権は認められていない。すべての学説が一般的法律執行請求権の存在を否定しています。

◆**S**　どうして、一般的法律執行権は具体的な公権として認められないのでしょうか。

◇**T**　残念ながら、その点はうまく説明できません。これを認めたら大変なことになるとは思いますが。フランス革命以来、近代国家＝国家権力は、財産も自由もない人民民衆に対し、恐怖感をもっていることによるのかも知れません。

◆**S**　そうでしょうか。なんとなく分かるような気もしますが……。もう一つ質問があります。それは、行政法の概説書を読んでみても、一般に公権論は正面からは取りあげられていません。これはどうしてでしょう。

◇**T**　確かに君の言う通りですね。僕は、行政権＝公権力とのバランス上、国民個人の公権論は重要視しなければならないと思っています。通説が、公権を行政法の基礎概念としないのは、公権論を取消訴訟の原告適格論の中に吸収・解消させている結果だと思いますね。また、公法・私法の区別は不要であるということになれば、公法上の権利という概念も当然必要なくなりますから。

【2】 公権の要件

◇T　次に、公権を認定するには、どのような要件が必要かという問題に進みましょう。現行憲法のもとにおいては、いかなる要件のもとで国民に公権が帰属するか、それはいかなる内容をもっているかについて立法者が決定をします。そこで通説は、行政法規の合理的解釈により公権を認定しようとしていますが、この場合、認定の判断基準として、いわゆる保護規範説がとられるわけです。すなわち、保護規範説は、強行法規が存在し、その強行法規から行政の法的義務が生じ、また、その強行法規が公益の実現のみならず、個々の国民の個人的利益も保護することを定めている場合に、公権の存在を認める。法規が国民に利益をもたらすという事実だけでは公権があるとはいえず、それは単に法の反射的利益にすぎません。公権が成立するというためには、そのような利益の保護が個々の国民のために法律により意図されたものでなければなりません。法律の意図は法律の趣旨・目的の合理的解釈によって探究される。これが保護規範説です。

要点をあげると、次のようになりますね。

①強行法規――まず、行政の行為を規律する公法の法規が必要である。ここにいう法規とは、法律、法律に基づく法規命令、条例および行政行為、行政契約である。法規は行政を一定の行為に義務づけるものでなければならない。任意法規は排除される。強行法規という要件は、公権が法律に依存し、法律によって認められるものであることを示す。

②保護規範――公権を承認することができるためには、強行法規が、立法者の客観的意思により、公益ないし一般的利益の保護だけではなく、国民の個人的利益の保護をも目的としている場合でなければならない。行政が単に公益または一般的利益の保護のために義務づけられている場合は、法の反射的利益が生じるにすぎない。法的に保護されない純粋に経済的、政治的、文化的またはその他の事実上の利益は十分でない。事実上の侵害をもって直ちに権利の認定に代えることはできない。法的に保護される法律上の利益でなければならない。わが国では、これを法律上保護された利益説という。

③法律上の力――公権を承認できるためには、国民が行政法規を貫徹することができる法律上の力を、行政訴訟などにより、認められていることが必要である。

以上です。

ところで、「法律上保護された利益」に関する判例は、どうなっているか。調べてきましたか。

その評価を含めて説明して下さい。

◆**S**　はい。主なものをあげておきます。これらは、取消訴訟の原告適格に関する判決ですが、内容は公権論であるといって良いようです。

●「法律上保護された利益とは、行政法規が私人等権利主体の個人的利益を保護することを目的として行政権の行使に制約を課していることにより保障されている利益であって、それは、行政法規が他の目的、特に公益の実現を目的として行政権の行使に制約を課している結果たまたま一定の者が受けることとなる反射的利益とは区別されるべきものである。」判例 最判昭五三・三・一四民集三二巻二号二一一頁＝主婦連ジュース訴訟）。

●「当該処分を定めた行政法規が、不特定多数者の具体的利益をもっぱら一般的公益の中に吸収解消させるにとどめず、それが帰属する個々人の個別的利益としてもこれを保護すべきものとする趣旨を含むと解される場合には、かかる利益も右にいう法律上保護された利益に当た(る)」、右の判断は、当該行政処分の根拠規定の解釈によるだけでなく、「当該行政法規及びそれと目的を共通する関連法規の関係規定によって形成される法体系の中において、当該処分の根拠規定が、当該処分を通して右のような個々人の個別的利益をも保護すべきものとして位置づけているものとみることができるかどうかによって決すべきである。」（判例 最判平元・二・一七民集四三巻二号五六頁＝新潟空港訴訟）。

新潟空港訴訟判決は、現在の判例理論の到達点を示すものであるようです。学説は、判例が原告適格の判断基準を「当該処分の根拠法規によって保護される利益」に限定せず、広く、当該行政法規と「目的を共通する関連法規の関係規定によって形成される法体系」にまで拡大したことを評価しています。これによって原告適格が拡大されることが期待されているようです。

◇T　ただ、必ず拡大するとは限りませんね。確かに、規範保護目的は、その規範からだけでなく、関連する規範構造全体からも、探求されるということができます。しかし、法体系全体を考察すると、それが、一方では権利を根拠づけることもあり、他方では、権利の成立を妨げる可能性もあるので、今後の判例の動向を見守る必要がありますね。

【3】 法の反射的利益

◇T　今度は、法の反射的利益について考えてみることにしましょう。公権論の中心問題は、公権（＝法律上の利益）と法の反射的利益（＝事実上の利益）との区別の問題であるということもできますね。まず、法の反射的利益についての概括的な説明をして下さい。

◆S　はい。法の反射的利益というのは、法令が、行政庁と国民との関係について、公益目的のために一定の命令・制限・禁止等の定めをしている場合に、そのことの反射的効果として、ある人（第三者）が受ける事実上の利益をいう、といえます。例えば、既存の質屋営業者が質屋営業の許可制によって受ける営業上の利益は、質屋営業法によって保護された利益＝権利ではなく、質屋営業法を適正に適用している結果、その反射として受ける事実上の利益であるというのです。つまり、行政が、公共の秩序の維持というような一般的利益の保護のために義務づけられている場合は、法の反射的利益が生じるにすぎない。純粋に経済的、政治的、文化的またはその他の事実上の利益は、公権を成立させるに十分でない、ということのようです。

◇T　しかし、公権と法の反射的利益の区別は、具体的場合に、明瞭でないことが多い。この区別については、どうですか。

◆S　この区別は流動的で固定的でないというのが一般的な考え方です。かつて法の反射的利益とされたものが、法解釈の変遷・発展により、法の保護を受ける法律上の利益（＝権利）として承認されることがあります。その例として公衆浴場営業の許可があげられます。

従来、公衆浴場法の営業許可制によって受ける利益は法の反射的利益にすぎないと見られてきましたが、最高裁は、距離制限制の公衆浴場の営業許可については、「適正な許可制度の運用によって保護せらるべき業者の営業上の利益は、単なる事実上の反射的利益というにとどまらず公衆浴場法によって保護せられる法的利益と解するを相当とする。」と判示しました（判例 最判昭三七・一・一九民集一六巻一号五七頁）。

法の反射的利益を公権にまで高めた判例は、他にはないようです。判例は、公権（＝法律上の利益）の認定について、積極的でない、といえるのではないでしょうか。法の反射的利益に関するものとして、次の判例をあげておきます。

● 「本件条例及び法において、文化財の学術研究者の学問研究上の利益の保護についての特段の配慮をしていると解しうる規定を見出すことはできないから、そこに、学術研究者の右利益について、一般の県民あるいは国民が文化財の保護・活用からうける利益を超えてその保護を図ろうとする趣旨をみとめることはできない。……したがつて、上告人らは、本件遺跡を研究の対象としてきた学術研究者であるとしても、本件遺跡指定解除処分の取消しを求めるにつき法律上の利益を有（しない）」（判例 最判平元・六・二〇判時一三三四号二〇一頁）。

● 「個々人が一般公衆の一人として道路を自由に通行できるという利益は、道路が供用されたことによる反射的利益に過ぎず、個々人がこれにつき法律上保護された利益を有するものでは

ない」(判例 京都地判平六・一・三一判例地方自治一二六号八三頁)。

現行憲法は基本的人権を尊重するという建前になっていますから、このような視点からすれば、戦後は公権が拡大され、戦前には法の反射的利益にすぎないと考えられていたものが、公権として承認されるケースが沢山あって当然というように思うのですが、法解釈学は進歩しているといえるのでしょうか。

◇**T** 進歩していますね。しかし、「公権」についての行政実体法の解釈には、新しい展開は見られません。例えば、君があげた道路の自由使用に関する判例および通説は、依然として、道路の自由使用は法の反射的利益にすぎないという立場を崩していません。私は、この問題について、次のように考えています。

法律は、公権が存在するかどうか、いかなる要件のもとに公権が成立するか、公権はいかなる内容を有するかについて、明文をもって規定していないことが多い。しかし立憲君主制の場合と違って民主制憲法のもとでは、疑わしい場合には、行政に対する義務づけは国民の公権の承認のために語るということができるのではないか。したがつて、法律が行政権の行使に制約を加え、例えば道路について、これを一般交通の用に供することを規定している場合には、単に道路を一般交通という想像上の抽象物のために供用しようとしているのではなく、国民個々人の個別的利益のために道路をすべての人に開放すべきものとしている、というように解釈しなければならない。道路法には、道路利用者個々人の利益を保護する旨を定めた直接の規定はない。しかし道路法は、もっぱら公共の利益の保護を目的とし、または個人にとって単なる「反射」にすぎない法律ではないというべきである。要するに、すべての人が、道路の自由使用が成立する範囲でかつその限りで、道路の具体的な自由使用を求めることのできる公権を有するのである。したがって、個人は、道路管理者および警察に対して、道路の具体的な自由使用を受忍すべきことを求める請求権を有し、道路利用の公権力による違法な制限および妨害の差止めを求める請求権を有すると解すべきである、と考えているわけです。

◆**S**　なるほど、その解釈論に賛成します。

【4】 権利と基本的人権

◇**T**　次に、権利と基本的人権との関係について考えよう。法律上保護された利益説によれば、権利性の判断基準は、立法者の客観的意思です。しかし権利保護の問題は、法律だけでなく、基本的人権も考慮する必要があるのではないか。権利は、法律からだけでなく、基本的人権からも生じます。国民は、いかなる要件のもとに、行政に対し、さらに行政訴訟において、直接に基本的人権を援用することができるか。

基本的人権は、権利として展開することができ、国家権力による侵害に対して防御請求権を与える。これは国家—国民という二面的行政法関係においては疑問の余地がありません。基本的人権によって保護されている領域に対し国家権力による侵害がある場合には、法律に基づく権利が侵害されたかどうかにかかわらず、直接基本的人権の侵害を訴えることができます。また、第三者保護が問題となるいわゆる三面的行政法関係の場合においては、行政処分の根拠法規および関連法規から第三者の「権利」を認定できない場合は、例外的に、基本的人権の侵害がないかどうかを考慮しなければならない。基本的人権の侵害は具体的な権利を根拠づける。第三者が行政処分による間接的な侵害を受けた場合、第三者の権利を語るためには、その侵害が基本的人権の保護領域の中において生じたものでなければならなりません。基本的人権は、直接的な侵害に対してのみならず、間接的な侵害に対しても保護を与えます。しかし基本的人権は、国民がともに受ける同等の強度の侵害に対して保護を与えるものではない。要するに、特別に第三者を保護する法律の規定のない間接的な侵害については、それが、財産、生命、健康などの法益に対する「重大かつ耐え難い侵害」である場合のみ、基本的人権による保護を受けるということができます。しかしこの場合にも、原則として、法律が優先し、例えば法律の目的規定や法律の考慮事項に関する規定から第三者保護という法的効果が生じる場合には、直接憲法の基本的人権を援用する必要もないし、許容する必要もありません。残念ながら、わが国の判例には、直接基本的人権を援用し第三者保護を認めたケースはないようです。

◆**S** 今の問題に関連しますが、事実上の利益の侵害は権利を根拠づけるといえるでしょうか。最高裁判例は、「航空機の騒音によって社会通念上著しい障害を受けることとなる者」、原発事故により「直接的かつ重大な被害を受けることが想定される範囲の住民」について、権利を承認しているように見えますし、通説もそのような考え方であるように思います。この点、先生はどのようにお考えですか。

◇**T** 権利は、憲法、法律から生じるのであって、事実性または純粋に事実としての侵害性は権利を創らない。事実上の不利益は憲法に関連させなければ、法的意義をもちえない。とくに第三者損害の場合、それが重大かつ耐え難い場合に基本的人権の侵害となる。したがって、行政処分により著しく且つ耐え難い不利益を被る第三者については、これを直接保護する法規ないし関連法規を見出すことができない場合は、生命・身体・健康の不可侵を求める基本的人権（憲一三条後段）あるいは所有権保障（憲二九条）に基づいて、権利を承認すべきです。君があげた最高裁判例は、この点の理由付けが不十分であると思いますね。

◆S　賛成するかどうかは別として、先生のおっしゃることは良く分かりました。

【5】公権の種別

◇T　次に、公権の種別を確認し、整理しておきましょう。どうぞ。

◆S　具体的な公権は、いろいろの視点から分類することができます。

①公権は、国家に対する国民の地位という視点から、ⅰ自由権（消極的地位）、ⅱ受益権（積極的地位）ⅲ参政権（主動的地位）に区別することができる。これは、ドイツの国法学者ゲォルグ・イエリネック（一八五一～一九一一）による公権の古典的区別です。ⅰ自由権は公権力により違法に自己の自由を侵害されない権利で、憲法の保障する集会・表現・宗教・学問の自由などがこれに当たる。ⅱ受益権は国家から積極的な利益を受けることを内容とする権利で、裁判を受ける権利、行政訴訟を提起する権利、公務員の給与請求権、損失補償請求権、公物使用権など多様な権利が含まれる。ⅲ参政権は国および地方公共団体の統治に参加する権利で、選挙権、被選挙権、直接請求権などがこれに当たります。

ⅰ	自由権
ⅱ	受益権
ⅲ	参政権

公権の古典的区別

公権の内容による区別

i	受益を求める権利
ii	自己の行動のための権利
iii	防御権

②公権は、その内容により、(i)受益を求める権利、(ii)自己の行動のための権利および(iii)防御権に区別することができる。この区別は、内容的に①の区別と共通するところが多い。(i)受益を求める権利は、事実上または法律上の受益の認容を求める権利で、例えば公務員の給与請求権、社会扶助を求める権利、行政手続における聴聞を求める権利、許認可の付与を求める権利または公物の使用許可を求める権利などがこれに当たる。(ii)自己の行動のための権利とは、それに対応して、法律がその行動を尊重すべき行政の義務を規定している場合である。自己の行動のための権利は、自由権または参政権としても認められるが、障害の差止めまたは除去を求める権利もこれに属する。(iii)防御権は、もっぱら侵害の防止を目的とする権利で、国家の保護義務ないし法の遵守義務に関連する。とくに防御権は、行政処分の名宛人以外の第三者がそれを主張できるかどうかという点で、問題となります。

③公権は、私権と同様に、(i)支配権、(ii)請求権および(iii)形成権に分類することもできる。(i)支配権（絶対権）は、一定の客体（物、人、無体財産、権利など）に対し影響を及ぼし、障害となる影響を排除する権能を与えることによって、その保有者に客体を直接に支配し

うる権利である。私法上の最も重要な支配権は、物権、人格権などである。公法では、最も重要な支配権は自由権である。ⅱ請求権（要求権）は、その保持者に、他の主体に作為、不作為または受忍を求めることができる権能を与える。例えば、請願権、社会保険の給付権、公務員の給与請求権などがこれに当たる。ⅲ形成権は、法状態に対する直接的な影響、とくに法律関係の設定、変更および消滅を生じさせる権利である。例えば、選挙権、委任の承認、拒否または解除の権利、行政契約の解約の権利などです。

他の分類法	
ⅰ	支配権
ⅱ	請求権
ⅲ	形成権

◇T　はい、結構ですね。

【6】国の公権

◇T　最後に、国の公権ということについて考えて見ましょう。

従来通説は、公権を国家的公権と個人的公権とに分けて、国家的公権とは、国または公共団体が優越的な意思の主体として相手方たる人民に対して有する権利であり、警察権、経済統制権、公共的企業に対する監督支配権などを国家的公権として位置づけてきました。しかしこれらは、公権というよりは権限（行為授権）であり、むしろ義務でさえある、といえますね。もちろん国家も、私人と同様に私人と同じ立場で、私権を有することができます（例えば、土地所有権など）。

基本的人権は、法人にも適用できる場合がありますが、行政主体には基本的人権は帰属しません。行政主体は公的責務を遂行すべきもので、その点で基本的人権の保持者たり得ない。ただ大学および学部は一定の基本的人権（学問の自由）を援用することができます。また地方自治体は憲法により地方自治権が認められています。

以上で、今回の演習は終わりです。

◆**S**　ありがとうございました。今日は、なんだか疲れました。

❖第七問❖ いわゆる特別権力関係の理論はどのように評価されるべきか。

◇T……先生
◆S……学生

【1】概念と由来

◇T　今日は、いわゆる特別権力関係の理論について考えることにしましょう。まず、その概念と由来について説明して下さい。

◇S　はい。すべての国民は国家に対して一般的な法律関係のもとにあり、これを通常、一般的権力関係または一般的支配関係といいます。しかし、ある場合には国民と国家との間に、さらに特別に緊密で継続的な法律関係が成立することがあり、このような法律関係は国民と国家との一般的な法律関係と明らかに異なる原理に支配されており、これを明治憲法のもとでは、一九世紀後半のドイツ公法学に倣って、「特別権力関係」と称しました。

特別権力関係とは、公法上の特定の目的のために、必要な限度において、包括的に一方が他方を支配し、他方がこれに服従すべきことを内容とする特別の支配服従の関係であり、具体的には、軍人や官僚などの勤務関係、国公立学校の学生・生徒の在学関係、刑務所の囚人の在監関係など特殊な身分関係がこれに当たるとされていました。

◇**T** 結構ですね。次に、特別権力関係の理論の内容に進みましょう。

◆**S** 伝統的な特別権力関係の理論は、大体、次のような内容をもっていました。ⓘ特別権力関係においては、行政側に包括的な命令権・懲戒権が認められ、この関係においては、法律による行政の原理は妥当しない、ⓘⓘ特別権力関係においては、基本的人権は妥当しない、ⓘⓘⓘ特別権力関係における処分や決定に対する裁判上の権利保護は認められない、

特別権力関係

ⓘ	行政側に包括的な命令権・懲戒権
ⓘⓘ	基本的人権は妥当しない
ⓘⓘⓘ	処分や決定に対して裁判上の権利保護がない

というものです。

このような行政側に認められる包括的な支配権は、法律による包括的な丸ごとの授権によって根拠づけられるか、あるいは個人の同意によって正当化されました。前者の場合は、法律によって認められたものですから、法律による行政の原理に矛盾するものではないとされ、後者の場合は、個人の同意によってこの特別の関係に入ったのですから、「欲する者に損害はない」という原則により、権利侵害の可能性が否定されました。要するに、特別権力関係の理論は、一般的権力関係において法律による行政の原理が確立される中で、立憲君主が絶対的な支配権を維持すべき行政領域を、議会による制約や裁判所によるコントロールを受けない領域として、確保しようとするものでありました。特別権力関係の理論は、まさに明治憲法に適合的であったということができます。

【2】 現行憲法のもとでの判例

◇**T** 現行憲法のもとでは、特別権力関係の理論はどのようになりましたか。

◆**S** 特別権力関係の理論の存在理由を否認する考え方が一般的であるということができます。しかし、特別権力関係という代わりに、「特殊機能的法律関係」とか「特殊的内部規律的法律関係」あるいは「自律的部分社会」という用語で説明する学説もあります。

◇T　そういう用語で説明するのは、用語だけが新しくて、実は、特別権力関係の理論の焼き直しにすぎないのではないか。この問題は後で検討することにして、とりあえず、特別権力関係についての判例の態度を見ることにしましょう。報告して下さい。

◆S　はい。昭和四〇年までの最高裁判例は特別権力関係という概念を承認していますが、その後そのような用語は避けられています。

まず、公務員関係から見ていきます。

①「公務員に対する懲戒処分は、……所謂特別権力関係に基く行政監督作用である」〔判例〕最判昭三二・五・一〇民集一一巻五号六九九頁）。

②「地方公務員の専従休暇の承認に関する処分は、元来、特別権力関係内部の行為である」〔判例〕最判昭四〇・七・一四民集一九巻五号一一九八頁）。

③「現業公務員は、一般職の国家公務員……として、国の行政機関に勤務するものであり、しかも、その勤務関係の根幹をなす任用、分限、懲戒、服務等については、国公法及びそれに基づく人事院規則の詳細な規定がほぼ全面的に適用されている……その勤務関係は、基本的には、公法的規律に服する公法上の関係である」〔判例〕最判昭四九・七・一九民集二

八巻五号八九七頁）。

④「公務員につき、国公法に定められた懲戒事由がある場合に、懲戒処分を行うかどうか、懲戒処分を行うときにいかなる処分を選ぶかは、懲戒権者の裁量に任されているものと解すべきである。もとより、右の裁量は、恣意にわたることを得ないものであることは当然であるが、懲戒権者が右の裁量権の行使としてした懲戒処分は、それが社会観念上著しく妥当を欠いて裁量権を付与した目的を逸脱し、これを濫用したと認められる場合でない限り、その裁量権の範囲内にあるものとして、違法とならないものというべきである。」（判例 最判昭五二・一二・二〇民集三一巻七号一一〇一頁＝神戸税関事件）。

次に、学生・生徒の在学関係に関する判例がいくつかあります。

⑤「大学の学生に対する懲戒処分は、教育施設としての大学の内部規律を維持し教育目的を達成するために認められる自律的作用にほかならない。そし懲戒権者たる学長が学生の行為に対し懲戒処分を発動するに当たり、その行為が懲戒に値するものであるかどうか、懲戒処分のうちいずれの処分を選ぶべきかを決するについては、当該行為の軽重のほか、本人の性格および平素の行状、右行為の他の学生に与える影響、懲戒処分の本人および他の学生におよぼす訓戒的効果等の諸般の要素を考量する必要があり、これらの点の判断は、

学内の事情に通ぎょうし直接教育の衝に当たるものの裁量に任すのでなければ、適切な結果を期することができないことは明らかである。それ故、学生の行為に対し、懲戒処分を発動するかどうか、懲戒処分のうちいずれの処分を選ぶかを決定することは、その決定が全く事実上の根拠に基づかないと認められる場合であるか、もしくは社会観念上著しく妥当を欠き懲戒権者に任された裁量権の範囲を超えるものと認められる場合を除く、懲戒権利者の裁量に任されているものと解するのが相当である。」（判例 最判昭二九・七・三〇民集八巻七号一語〇一頁＝京都府立医大事件）。

⑥「大学は、国公立であると私立であるとを問わず、学生の教育と学術の研究を目的とする公共的な施設であり、法律に格別の規定がない場合でも、その設置目的を達成するために必要な事項を学則等により一方的に制定し、これによって在学する学生を規律する包括的権能を有するものと解すべきである」、「大学、特に私立学校は、その独自性により、在学関係設立の目的と関連し、かつ、その内容が社会通念に照らして合理的と認められる範囲において、学生の行動を規律する権能を有する」（判例 最判昭四九・七・一九民集二八巻五号七九〇頁＝昭和女子大事件）。

⑦「大学は、……その設置目的を達成するために必要な諸事項については、法令に格別の規

定がない場合でも、学則等によりこれを規定し、実施することのできる自律的、包括的な権能を有し、一般市民社会とは異なる特殊な部分社会を形成しているのであるから、このような特殊な部分社会である大学における法律上の係争のすべてが当然に裁判所の司法審査の対象になるものではなく、一般市民法秩序と直接の関係を有しない内部的な問題は右司法審査の対象から除かれるべきものである」、「単位授与（認定）行為は、他にそれが一般市民法秩序と直接の関係を有するものであることを肯認するに足りる特段の事情のない限り、純然たる大学内部の問題として大学の自主的、自律的な判断に委ねられるべきものであって、裁判所の司法審査の対象にならないものと解するのが、相当である。」【判例】最判昭五二・三・一五民集三一巻二号二三四頁＝富山大学単位不認定事件）。

⑧ いわゆる「三ない原則」を定めた校則に違反したことを理由の一つとしてなされた私立高等学校の生徒に対する自主退学の勧告の違法性が争われた事件について、最高裁は、「原審が確定した事実関係の下においては、本件校則が社会通念上不合理であるとはいえないとした原審の判断は、正当として是認することができる。」と判示した【判例】最判平三・九・三判時一四〇一号五六頁）。

⑨ 頭髪の丸刈りや学校外での制服着用を定めた校則は、「生徒の守るべき一般的な心得を示

すにとどまり、それ以上に、個々の生徒に対する具体的な権利義務を形成するなどの法的効果を生ずるものではない」（判例 最判平八・二・二二判時一五六〇号七二頁）。

囚人の在監関係については、次の判例があります。

⑩「未決勾留は、刑事訴訟法に基づく、逃走または罪証隠滅の防止を目的として、被疑者または被告人の居住を監獄内に限定するものであるところ、監獄内においては、多数の被拘禁者を収容し、これを集団として管理するにあたり、その秩序を維持し、正常な状態を保持するよう配慮する必要がある。このためには、非拘禁者の身体の自由を拘束するだけでなく、右目的に照らし、必要な限度において、非拘禁者のその他の自由に対し、合理的制限を加えることもやむをえないところである。

そして、右制限が必要かつ合理的なものであるかどうかは、制限の必要性の程度と制限される基本的人権の内容、これに加えられる具体的制限の態様との較量の上に立って決せられるべきものというべきである。」（判例 最判昭四五・九・一六民集二四巻一〇号一四一〇頁＝刑務所内禁煙措置事件）。

判例理論の要点は、次のように整理することができます。

ⓘ基本的人権は特別権力関係においても妥当する。しかし、その行使は特別権力関係の目的によって制限される。

ⓘⓘ特別権力関係においては、法律の根拠に基づかず、包括的な支配権の発動として行政規則や命令を発し、懲戒処分をすることができ、自由の制限が許される場合がある。

ⓘⓘⓘ裁判上の権利保護は、特別権力関係から排除する行為ないし市民としての法律上の地位に関する処分（例えば、公務員の免職処分、学生の退学処分、地方議会の議員の除名処分など）に対してのみ与えられる。

以上です。

【3】学説

◇**T** 学説は、どのような状況ですか。

◆**S** 当初支配的だった学説は、伝統的な理論を修正するものであったということができます。それは、ⓘ特別権力関係においては、法律の根拠なしに、自由の制限が許される場合がある、ⓘⓘ基本的人権の行使は、特別権力関係の目的によって制限されることがある、ⓘⓘⓘ特別権力関係においては、法律の根拠に基づかないで、包括的な支配権の発動として命令・懲戒をすることができる、ⓘⓥ 裁判上の権利保護は、特別権力関係から排除する行為ないし市民としての法律上の地位に関するもの(例えば、公務員の免職処分、学生の退学処分、地方議会の議員の除名処分など)に対してのみ行われる、といったものでした。

しかし、最近の学説は、当初の通説には批判的であって、特別権力関係の理論の存在理由を否認する考え方が一般的になっています。その内容は、大体次のようです。ⓘ いわゆる特別権力関係について、国公法、地公法などの法令の規制が整備された現在の法状況では、法律による行政の原理の排除ということは実定法上の基盤を失った。ⓘⓘ 特別権力関係の目的の実現という理由だけで、基本的人権を制限することは許されない。ⓘⓘⓘ 特別権力関係においても、もはや包括的な支配権は存在しない。ⓘⓥ 特別権力関係の内部行為についても、権利ないし法律上の利益の侵害がある限り、裁判上の権利保護を認めるべきである。ⓥ 特別権力関係における法

最近の学説

❶	実定法上の基盤を失った
❷	目的の実現という理由のみで、基本的人権を制限することは許されない
❸	もはや包括的な支配権が存在しない
❹	内部行為でも権利ないし法律上の利害の侵害がある限り、裁判上の権利保護を認めるべき
❺	現在の法状況では、多くの場合、行政裁量論に還元できる

的問題は、多くの場合、行政裁量論に還元できる。

このような最近の学説に対しては、従来の特別権力関係論はその一部が自律的部分社会論に変形して妥当しているという有力な見解も主張されています。

特別権力関係の理論について、先生は、どのような考え方ですか。

◇**T** そうですね。特別権力関係の理論は、戦後早くに、死刑の宣告を受けたけれども、実際には、死刑の執行は終わっていない。立憲君主制的な考え方が完全に払拭されたわけではない。行政実務では、旧来の考え方が根強く生き続けていて、例えば、いわゆる特別権力関係における処分や行政指導は行政手続法の適用対象から除外されている。判例も今報告があったように、自律的部分社会論という形で、特別権力関係の理論を復活させている。死刑宣告はちょっと早すぎた嫌いがありますね。

私は、特別権力関係は、法から自由な領域ではなく、合憲的法律に基づいた特別の法律関係として承認できるのではないかと思いますね。特別権力関係は法から自由であるから権力関係といってきたわけですから、やはり、これを法律関係として捉え直すことが重要だと思います。その場合、個々の特別の法律関係の目的と機能は、憲法的価値から見て、正当なものとして承認されるものでなければなりません。その目的と機能の正当性とかかわりのない一般的抽象的な、あるいは包括的な「自律的部分社会」は、部分社会の特別権力（法的権力）を根拠づけることはできないと思いますね。

【4】 特別権力関係理論の方向

◆**S** 特別権力関係の理論が行政上の特別の法律関係の理論として生まれ変わるとすると、その具体的内容は、どうあるべきなのでしょうか。

◇**T** それは、個々の関係ごとに検討する必要があります。

まず、包括的命令懲戒権です。伝統的な理論では、特別権力関係については法治主義の原則（＝法律の留保の原則）が排除され、具体的な法律の授権なしに、包括的な支配権の発動としての命令懲戒権が認められました。しかし現行憲法のもとでは、この点については二つの見解が対立しています。一つの見解は、いわゆる特別権力関係についても法治主義の原則は妥当する。特別権力関係は特別の法律関係に転換した。従来、特別権力関係において行政規則によってなされていた規律は法律の留保に服し、法律の規律が必要になった。したがって、法律の授権のない包括的な命令懲戒権は当然認められないというものです。他の見解は、いわゆる特別権力関係について行政にはオリジナルな法定立権がある、というものです。これは行政規則に直接的な法的外部効果を承認する最近の学説と共通の考え方に立っている。特別権力関係における行政規則のもつ事実上の拘束力を直視すれば、その法的効力を承認したほうが法治国原理に適合的であるということもできます。ここでは行政規則の外部法化が特別権力関係を法律関係に転化し、外部的効力をもつ行政規則が「法律の留保」への橋渡しの役割を果たす、ということができるわけです。

◆**S**　なるほど。例えば、大学には大学自治が認められていますから、それを自律的部分社会として自律的な命令・懲戒権を承認することができると思いますが、中学高校に包括的な命令・懲戒権を認めるのはどうでしょうか。前掲の判例⑨は、校則を生徒の守るべき一般的な心得であり、生徒に対する権利義務を形成するものでないといっています。しかし、実際には校則を守らない生徒には、判例⑧にみられるように、自主的退学を勧告したり、差別的取扱いをしたり、隠れたいじめをしたりしているようです。裁判所は、このような学校の事実上の侵害に対して、法的に対決する姿勢を避けるべきでないと思いますが。

◇**T**　学生や生徒の自由を規制することには一々個別的な法律の根拠は必要ないという考え方もありますが、私は、中学高校あるいは大学には、もっと法治国性を浸透させる必要があると思います。全部の学校ではないにしても、学校の在学関係には、民主的な透明性が不足していますよ。

次に、特別権力関係における基本的人権の問題です。現行憲法のもとでは、特別権力関係の目的だけでは基本的人権の制限は許されない、という一般的な命題が成立しますね。

◆**S** しかし、単純に考えて、受刑者の在監関係においては、例えば居住・移転の自由（憲二二条一項）は当然認められない。それは、矯正目的という特別権力関係の目的だけで十分のように思われますが、それだけでは足りないのですか。

◇**T** その点は、憲法の学説でも問題にしていない。受刑者はもともと「自由の身」ではないから、居住・移転の自由もないわけです。それより、公務員関係における「表現の自由」の問題が重要ですね。とくに、国公法一〇二条一項が「人事院規則で定める政治的行為をしてはならない」と規定し、人事院規則一四―七が広い範囲の「政治的行為」を定義したうえで、違反者に刑事制裁を科し（国公一一〇条一項一九号）、これによって、公務員の個人としての政治的意見の表明がほとんど全面的に禁止されていますね。最高裁は、現業の郵便局員が勤務時間外に公営の選挙ポスター掲示場に所属組合の支持する政党の候補者のポスターをはったことが刑事事件となった猿払事件で、公務員の政治的自由の制限は合憲であるとしています（判例 最判昭四九・一一・六刑集二八巻九号三九三頁）。最高裁は、特別権力関係においては、基本的人権の行使ないしそれに伴う行動は、特別権力関係の目的によって、制限ないし禁止されることを認めているわけで、これは特別権力関係論であるといえますね。

しかし、次の点を注意する必要があります。それは、特別権力関係における権利・自由の制限は、特別権力関係の目的だけで正当化することはできず、目的そのものが社会的に正当化され、制限が比例原則の要件を満たすものでなければならない、ということですね。

◆S　分かりました。次は、特別権力関係と司法審査の問題ですが、これは調べてきました。特別権力関係には裁判権は及ばないという伝統的な特別権力関係論は、今日では妥当性がないことで、意見は一致しているようです。そこで修正された理論では、判例④⑤⑥のように、特別権力から排除する行為（公務員の免職処分、学生の退学処分など）に限って裁判権が及ぶことになります。これを裏返せば、特別権力関係の秩序維持に関する内部的規律に属する行為には裁判所の審査権は及ばないということになりますから、その限りで特別権力関係の理論は生きているわけです。

◇T　結構ですね。次に特別権力関係の理論と裁量の問題に進みましょう。特別権力の主体側に広範な裁量権が認められることは一般的に承認されているといえるでしょう。判例④⑤がそれを示しています。広範な裁量権との関連で、通説は、特別権力関係に司法審査が及ばないことがあるのは、その行為が自由裁量行為であるからで、特別権力関係の理論によるのではない、さらに司法審査との関係における特別権力の実体は自由裁量概念である、行政訴訟との関係においては、裁量が広いか狭いかが問題になるだけで、特別権力関係と一般権力関係との区別を維持する実益はない、などと主張しています。こういう主張は、特別権力関係における裁量の問題は一般的な行政裁量論に還元できる、あるいは一般的な行政裁量と変わりはない、ということをいっているわけです。

◆S　この点について、先生はどのようにお考えですか。

◇T　そうですね。私の見るところでは、判例④⑤は一般的な行政裁量論に還元できない。まさにこれこそは、特別権力関係に特殊な裁量類型・裁量コントロールの方式を示したものということになります。判例④⑤で示された広い裁量権は、特別権力関係を前提にして初めて引き出される特殊な裁量類型・明白性コントロール方式です。したがって、このような裁量類型・裁量コントロール方式は、マクリーン事件のような対外国人関係の行政裁量に見られるだけで、一般的な行政法の領域における行政裁量にはそのまま適用できません。その意味でも、特別関係の理論は修正されて存続している、と思いますね。

◆S　先生は案外保守的なんですね。特別関係理論の解体論者かと思っていました。

◇T　意識的に保守的であることはありません。ただ、客観的な法的認識を目指す、それだけですよ。特別権力関係の理論が完全に解体したと見るのは甘いのではないか。

◆S　ありがとうございました。だんだん行政法にハマってゆくような感じです。

❖第八問❖　行政主体、職、行政機関および行政（官）庁は、どのような関係にあるか。

◇T……先生
◆S……学生

◇T　今回は、行政組織法の基本概念について勉強しましょう。行政法の勉強は、行政作用法と行政救済法が中心になりがちですから、行政組織法はおろそかになりますね。しっかり勉強したいものですね。

行政組織法の全体構造は、行政主体、職、行政機関、行政(官)庁および職・機関などの担当者の四つの要素から構成されています。わが国の通説は、行政組織を構成するものとして、行政主体、行政機関および公務員の三要素をあげています。しかし公務員は、行政主体と雇用関係(勤務関係)にあって公務に従事する人を指す公務員法上の概念であり、行政組織法上の概念ではない。職、行政機関、行政(官)庁などの任務を具体的に遂行する人は、行政組織上は、これを職、行政機関などの担当者というべきですね。

【1】 行政主体

◇**T** まず、行政主体から始めましょう。報告して下さい。
◆**S** はい。行政権をもっている者を行政主体といい、ⓘ国および地方公共団体が代表的な行政主体です。行政主体は行政任務を行う権限をもっており、行政法上の権利義務の帰属主体です。国と国民との法律関係は、一方における権利主体としての行政主体(国・公共団体)と他方における権利主体としての行政客体(国民)によって規定されます。しかし、法律の規定は、通常、国または公共団体の権利主体性を明確に規定していません。法律の規定は、行政機関が行政主体のために行動し、とくに外部（国民）に対しては、行政庁が行政主体のために自己の名において行動するように規定しています。ですから、外部（国民）に対しては、通常、行政主体は現れず、行政（官）庁が前面に現れることになります。

なお、ⅰのほかに、行政主体として、ⅱ公共組合、ⅲ特殊法人、ⅳ独立行政法人、認可法人・指定法人などがあります。ⅱ公共組合は、特別の法律に基づき特定の公共的な業務を行うことを目的として設立される社団法人です。土地区画整理組合、土地改良区、健康保険組合などがこれに当たります。ⅲ特殊法人は、特別の法律に基づき特定の公共的な事務・業務を国に代わって行うことを目的として設立される財団法人です。都市基盤整備公団、環境事業団、国民生活金融公庫、日本政策投資銀行などがこれに当たります。ⅳ独立行政法人は、公共の見地から確実に実施されることが必要で、国自らが直接に実施する必要はないが、民間の主体では必ずしも実施されないおそれがあるものや一つの主体に独占して行わせることが必要である事務・事業について、効率的かつ効果的に行う法人です。独立行政法人通則法や個別法の定めるところにより設立されるものをいいます。

行政主体

ⅰ	国および地方公共団体
ⅱ	公共組合
ⅲ	特殊法人
ⅳ	独立行政法人

◇**T**　結構でしょう。行政主体は行政任務を遂行するわけですが、行政任務の民営化ということがありますね。民営化にはどんなものがありますか。

S　行政任務の民営化というのは、行政主体がその固有の行政任務を、自ら行うことなく、私法の形式で行わせることです。これにはいろいろの形態があります。

広義の民営化には、ⓘ組織的民営化のみならず、ⓘⓘ機能的民営化や、ⓘⓘⓘ実質的民営化のほか、単に財産を民営化する場合もあります。ⓘ組織的民営化とは、私法の法人（株式会社など）を設立し、それに一定の行政任務の遂行を委託することです。かつての大英帝国が外交任務を東インド会社に委託したように、例えば外務省の一部を民営化することです。私企業のほうが外務官僚などよりも、はるかに効率的に国益を追求するかもしれないわけです。ⓘⓘ機能的民営化とは、行政がその任務の権限と責任を保持するが、その技術的履行の全部または一部を私企業に委託することであり、例えば、ごみ処理や汚水処理などがそうですし、ことによったら戦争の民営化が行われるかも知れません。ⓘⓘⓘ実質的民営化は、これまで行われてきた行政任務を終了し、それを社会経済領域に委ねることです。これが狭義の民営化であり、通常言われる民営化がこれに当たります。国鉄の民営化、郵政の民営化などです。

【2】職（ポスト）

◇**T**　次は、職（ポスト）です。職は構造組織の最小の基本単位です（国行組八条三項・四項、二〇条）。職はあらゆる組織の基本要素であり、制度化された人の職務範囲ないし活動領域を示し、権限と責任が結びついています。職は組織内部的に存在して、外部的権限を有しません。一つの職の職務範囲は、それぞれの職の権限相互を限界づけ、それを長期的に確定します。したがって、職員が交代する場合でも、職務そのものを変更する必要がない。職は行政組織法上の抽象的概念で、いかなる人がその職を執行するかは問題ではありません。

◆**S**　教科書を読んでも、職についてはあまり説明がありません。職階制はいまだに実施されていませんが。

◇**T**　そうですね。職階制とは、組織体の職を職務の種類（職種）と複雑さおよび責任の程度（等級）に応じて分類整理し、職務の実質的内容、すなわち指揮系統と責任を明確にする制度をいうのです。行政組織でも、当然職階制が妥当しなければなりません。現在は、「一般職の職員の給与に関する法律」による給与表の職務分類が職階制と見なされていますが、俸給表では、職務の権限と責任は分からないわけで、公務員の職、とくに管理職の権限と責任が明確に規定されていないことが、わが国の公務員制度の大きな欠陥であるということができますね。

◆S　今、公務員の職という話がありましたが、これは行政組織上の職とどう関係するのでしょうか。

◇T　公務員法上の職は、現存の公務員に関連し、具体的な公務員に対して、責任ないし義務の範囲を割り当てます。それは、公務員の雇用関係（勤務関係）、すなわち公務員個人の勤務上の法的地位に関する公務員法上の概念です。この法的地位は公務員法によって規定されます。これに対し、行政組織法上の職は、職務の一般的、抽象的な範囲を意味する行政組織法上の概念です。通常、行政組織法上の職の地位は、一人の職務担当者によって占められるますが、例外的に、複数の職務担当者がパート勤務をすることによって、一つの職を分担することも制度的に可能です。しかし、公務員の職を複数の人で分担することはあり得ないですね。

【3】 行政機関および機関担当者

◇T　行政機関および機関担当者の概念は、行政組織の機能的関連を体系的に把握するために、展開されるものですね。行政機関とは何か、説明して下さい。

◆S　はい。行政機関とは、行政組織を構成し、行政事務を担任する機関をいいます。

◇T　そうですね。行政組織は必然的に行政機関を必要とします。行政組織はそれ自体が意思または判断を決定し、行動することができません。したがって、行政組織のために意思または判断を決定し、行政組織のための行動するものが必要です。それが行政機関であるわけです。

行政組織は行政機関を通じて行動する統一体であり、行政機関は、決定し行動する自然人ではなく、行政組織の目的を達成するための手段として設けられた法的―抽象的装置ないし事務配分の単位である。要するに、行政機関とは、行政組織を構成し、最終的には、行政主体のために行動する組織体の法的地位を指す概念ということですね。したがって、行政機関は、制度的に見ると、行政機関の交代と拘りなく、一時的に機関担当者が存在しなくとも、存続する装置ですし、組織的に見ると、行政機関は、その名において行政組織のために行動する機能単位であるということができるわけです。

次に、機関担当者について見ておきましょう。どうぞ。

◆S　行政組織のために、行政組織の機関として行動できるのは、具体的な自然人です。この具体的な自然人を機関担当者といいます。行政機関の担当者の行動は、行政機関の行動であり、行政機関の行動は行政組織の行動であるという意味をもっている。要するに、行政機関は機関担当者の行動の帰属主体であるということができます。ですから、機関担当者から行政機関へ、そして行政機関から行政主体へという二重の帰属関係があることになります。また、機関担当者は、同時に職務担当者ですから、行政組織法の規制だけでなく、職務に関する公務員法上の規制にも拘束されるわけです。

◇**T**　ところで、行政機関はどのように構成されているか、また行政機関にはどのような種類があるか、この点、調べてきましたか。報告して下さい。

◆**S**　はい。まず行政機関の構成ですが、行政機関は職（ポスト）によって構成されています。一つの職によって構成される場合も多数の職によって構成される場合もあります。通常、多数の職によって構成される行政機関は、局、部、課、係などに区分され、多数の個別的な職務担当者をもって編成されています。このような行政機関の頂点には、行政機関を代表し、職務担当者の上司である行政機関の長がいます。国家行政組織法は、国の行政機関を省、委員会および庁とするとし（三条二項）、各省の長を各省大臣とし、委員会の長を委員長、庁の長を長官とする（五条一項、六条）と規定しています。

次は、行政機関の種類です。行政機関は、ⅰ 行政(官)庁、ⅱ 補助機関、ⅲ 諮問機関および執行機関の四種に分けることができます。

ⅰ 行政（官）庁——行政官庁とは、行政主体のために、その意思または判断を決定し、これを国民に表示する権限を有する行政機関をいいます。例えば、各省大臣、各庁の長官、税務署長、地方公共団体の長（知事、市町村長）、行政委員会（公正取引委員会、教育委員会など）などがこれに当たります。

ⅱ　補助機関——補助機関とは、行政(官)庁に付属してこれを補助することを権限とする行政機関をいいます。例えば、各省の副大臣、大臣政務官、事務次官、地方公共団体の副知事・助役、各省庁の内部部局の局長、部長、課長、事務官、技官など広く職員一般がこれに当たります。

ⅲ　諮問機関——諮問機関とは、行政(官)庁の諮問に応じて意見を申述することを権限とする機関をいいます。例えば、顧問、参与、審議会（国行組八条＝通常、八条機関といわれる、内府三七条二項）、協議会、調査会などです。

ⅳ　執行機関——執行機関とは、国民に対し実力を行使することを権限とする機関をいいます。例えば、警察官、海上保安官、消防職員、徴税職員などです。また、立入り検査、臨検検査に当たるものも執行機関といわれています。以上です。

◇**T**　ところで、今君が説明した行政機関の種別と国家行政組織法が規定する行政機関とでは、行政機関についての視点が違っている。この点はどう考えてきましたか。

◆**S**　行政機関の四種の種別は、権限の形式および法律上の視点を基準にした分類です。つまり、これは、第一に、形式的に、いかなる形式の行為をする権限があるのかということを基準にした分類であり、第二に、法律上の視点を基準にした分類で、事実上の視点で見た分類ではないことです。しかし、行政(官)庁が行政主体のためにその意思または判断を決定する行政機関であるといっても、実際には、行政(官)庁は補助機関の補助を受け、あるいは諮問機関の答申に基づいてその意思または判断を決定し、執行機関にそれを執行させるように、それらの行政機関は、普通一体として活動しています。ですから、国家行政組織法三条二項の規定のように、事実上は、一体として機能している組織を一つの行政機関と見ることもできるわけです。その場合、注意しなければならないことは、法律上、行政主体のためにその意思または判断を決定できる権限があるのは、行政機関のうちの行政(官)庁、例えば各省大臣であって、省庁そのものではありません。省庁は、行政主体のために、その名において権限を行使する、というようにはなっていないわけです。

◇**T**　結構ですね。

◆**S**　通説は、二つの行政機関概念の登場ということをいっています。つまり、制定法上の行政機関概念と講学上の行政機関概念があるというのです。制定法、すなわち国家行政組織法三条二項の規定は、省、委員会および庁を事務配分の単位として規定しただけのことのように思うのですが、この点、先生はどのようにお考えですか。

◇T　私の立場では、行政機関という概念は一つです。ただ、行政機関を、組織法的に見るか作用法的に見るか、制度的に見るか機能的に見るか、といった視点の違いがあるにすぎません。通説が認めるように、国家行政組織法で規定された行政機関の定義は、行政法の解釈論において、重要な役割を果たしていないことは確かです。法律上は、君の言う通り、例えば行政（官）庁と補助機関とを一体として、一つの行政機関と見ることはできないと思いますね。

【4】行政機関相互の関係

◇T　次に、行政機関相互の関係の問題に進みましょう。行政機関は複雑多岐にわたり無数に存在するので、行政機関相互の関係を整序し、行政の一体性と効率性を確保することは、行政組織法上、重要な問題です。そのために用意されている法的手段には、どのようなものがあるでしょうか。報告して下さい。

◆S　はい。行政機関相互の意思および判断をできるだけ統一的かつ矛盾がないように形成するために、行政機関の上下関係においては指揮監督、対等関係においては協議という法的手段が用意されています。

① 指揮監督――指揮監督は、行政活動の適法性・合目的性を保障すべきもので、次の方法があります。

ⅰ 監視…監視は、上級行政機関が下級行政機関の権限行使の状況を知るために事務の執行を検閲し、報告を徴することです。

ⅱ 許・認可…許・認可は、下級行政機関の権限行使について事前に上級行政機関の承認を要求することです。

ⅲ 訓令・通達…訓令は、上級行政機関が下級行政機関の権限行使を指揮するために発する命令です。訓令が書面の形式をとる場合、これを通達といいます。訓令は予防的監督手段ですが、下級行政機関の権限行使に対する矯正手段でもあります。訓令は、下級行政機関に対する上級行政機関の命令ですから、その拘束は行政機関相互の間に限り、国民には及びません。

ⅳ 取消し…取消しは、上級行政機関が下級行政機関の権限行使を違法または不当であると認める場合に、その効果を失わしめる行為です。取消しは、訓令と異なり、その効果は当然に直接国民に及び、下級行政機関の権限の代執行の性質を有するから、その性質上、法律の根拠を要すると解すべきです。通説は、取消しは指揮監督の権限に当然含まれるから、特にその旨の法律の根拠は必要がないと解しています。

② 協　議——広い意味の協議には同意・承認・意見聴取も含まれます。意見聴取の場合、相手方の意見に拘束されるものではありません。協議を要する場合、協議が整わないときの権限争議の裁定は、下級行政機関相互の間では、共通の上級行政機関があるときはその裁定により、上級行政機関がないときは双方の上級行政機関の協議によって、行為を行う。上級行政機関相互の間で協議が調わなければ、行為を行うことができません。

以上です。

【5】 行政(官)庁

◇T　次は、行政官庁ですね。行政(官)庁は、行政組織法の中心的地位を占めています。行政機関のピラミッドの頂点にあるということもできるし、放射状の行政機関の中心に位置するということもできるでしょう。行政(官)庁は、行政官庁、行政庁あるいは官庁といわれていますが、以下には行政（官）庁ということにします。まず、行政（官）庁とは何か、その定義から始めましょう。どうぞ。

行政(官)庁とは

広義	行政目的を達成するために、国のヒエラルキーの中に組み込まれた独立の自己責任のある組織的統一体
▼	
狭義	行政主体のために、自己の名において意思決定を行い、それを外部（国民）に表示する権限を有する行政機関

◆**S**　行政(官)庁とは、広義には、行政目的を達成するために、国のヒエラルヒーの中に組み込まれた独立の自己責任のある組織的統一体であると解されます。また狭義には、行政主体のために、自己の名において、意思決定を行い、それを外部(国民)に表示する権限を有する行政機関をいうと解されます。この狭義の行政(官)庁が、行政法において最も多く用いられる概念の一つで、行政組織法の中心概念です。

組織的意味の行政(官)庁は、独立性、国民に対する活動および決定権限、とくに行政行為を発することのできる権限の三つの要素をもっています。それに対して、機能的意味の行政官庁は、広く行政—国民との関係において具体的な行政措置を行うことのできる行政機関をいい、そのうち、行政手続的意味では行政指導に携わる者を含む一切の行政機関をいい、行政訴訟では行政行為を発することのできる一切の機関をいう、ということになります。

◇**T**　次は、行政(官)庁の種別ですが、ざっと説明しておきましょう。

まず、独任制官庁と合議制官庁です。

行政(官)庁の内部組織として、独任制と合議制があります。通例、行政(官)庁は独任制として構成されます。これは、行政(官)庁の権限が一人の自然人の指導的な職務担当者によって遂行されることを意味します。行政(官)庁は一八世紀ヨーロッパでは圧倒的に合議制として組織されましたが、一九世紀以降、独任制官庁システムが形成され、確立されました。独任制のメリットは、指導制、適応性、秘密の保持および責任の所在の明確性にあります。このメリットは、官僚制、テクノクラシーおよび行政のヒエラルヒーと結びつくことによって、デメリットともなります。

これに対し、合議制の行政(官)庁の場合、権限は、複数の同等の権限を有する機関担当者によって行使される。決定権のある合議制の場合には、決定は、複数の自然人の意思または判断が統一されたものとして、行政(官)庁の意思または判断となります。行政事務が公正、慎重かつ民主的に行う必要がある場合や住民・専門家の参加が必要な場合には合議制がとられます。単なる諮問的な合議制の場合は、行政(官)庁たる性格を有せず、このような委員会では専門家の専門知識が反映されるにすぎません。しかし、最近はヒラルヒーの代わりにワーキンググループが注目され、非ヒラルヒー組織が、特殊具体的な行政目的の達成のために、独任制に代わる傾向を示しています。このワーキンググループの特徴は、グループの意思形成の際メンバーが同じランクに位置づけられていることにあります。

次は、普通官庁と特別官庁です。

この区別は、行政(官)庁の権限に属する事項の範囲を基準とする種別です。その権限がその事項の全般に及ぶものを普通官庁といい、その中の特定の事項に限られるものを特別官庁といいます。例えば、内閣の権限は行政事務の全般に及ぶからこれを普通官庁というのに対し、会計検査院の権限はその中の会計検査事務に限られるからこれを特別官庁といいます。内閣総理大臣の権限は警察事務の全般に及ぶからこれを普通警察官庁というのに対し、経済産業大臣の権限はその中の鉱業警察に限られるからこれを特別警察官庁といいます。

次は、中央官庁と地方官庁です。

この区別は、行政(官)庁の権限の及ぶ土地の範囲を基準とする種別です。その権限が全国に及ぶものを中央官庁といい、一地方に限られるものを地方官庁といいます。例えば、財務大臣および国税庁長官の権限は全国に及ぶから中央官庁であり、国税局長および税務署長はその権限の及ぶ範囲は一部に限られるから地方官庁です。また警視庁は、首都警察の中央実施機関であるが、地方官庁です。

【6】権限

◇T　最後に、権限について、簡単に触れておきましょう。行政機関の実質は、その行政機関の権限にほかならない、ということもできますね。行政機関論は、権限の問題を抜きにして語れない、ということになる。どうぞ。

◆S　行政任務は、行政組織の内部でいろいろの行政機関に配分され、相互に限界づけられます。それが権限ですが、権限とは、組織法によって根拠づけられる組織体の一定の任務（事項）を遂行することができる範囲のことです。権限と管轄の語は、ほぼ同義に使用されていますが、権限は遂行すべき任務の事項的、人的範囲に重点が置かれ、管轄はどちらかというと、遂行すべき任務の地域的範囲に重点が置かれている概念です。

権限で重要なのは、行政（官）庁の権限です。それは、国民に対し行使され、国民の権利義務に影響を与えることがあるからです。前に、「法律の留保の原則」のところで、法律の根拠として必要な具体的な権限規範のことを勉強しました。その場合の権限規定は、行政機関がいかなる場合にいかなる法的手段を行使することができるかという作用法的意味の具体的な権限が問題でしたが、今問題にしている権限は、配分された行政任務ないし職務の範囲という組織法的意味の権限であるので、両者は厳格に区別する必要があります。

いずれにしても、行政(官)庁の権限は、行政主体のために行使されるから、いわば行政主体の権限を先取りしていることになる、といえます。以上です。
◇**T** 結構ですね。行政組織法の問題は、ほかにもいろいろあるのですが、今回は、この辺で終わりにしましょう。どうでした？ 報告者の感想は。
◆**S** 毎回そうですが、報告の準備にはすごく時間がかかります。先生は講義が大変なんだということを実感しました。
◇**T** そうだよ。内外の文献を調べ、講義案を作り、九〇分にわたって説明する。これを毎週繰り返しているから、先生の学力は向上するわけだ。
◆**S** その通りですね。ただ本を読み流すだけではなく、書くこと、人に分かりやすく説明すること、これは大事なことなんですね。
◇**T** 勉強が楽しくなるように頑張って下さい。

❖第九問❖　国家行政と地方行政との関係はどうなっているか。

◇T……先生
◆S……学生

◇T　前回の第八問では、代表的な行政主体として国と地方公共団体をあげました。この両者はどのような関係にあるのか。これが今回のテーマです。

この問題については、平成一一年の地方自治法の大改正によって、大きな変化がありました。何といっても、機関委任事務制度の全面的廃止が注目されました。そこでまず、機関委任事務とは何であったかということについて、説明してもらいましょう。

【1】機関委任事務制度

◆S　はい。機関委任事務とは、「法律またはこれに基づく政令により、地方公共団体の長（都道府県知事・市町村長）その他の機関（行政委員会など）に委任された国、他の地方公共団体その他の公共団体の事務をいう」のです。とくに国の事務が地方公共団体の長に機関委任される場合が問題で、その場合、地方公共団体の長に委任された事務は国の事務としての性格を保持し、長は国の機関となり、長が国の機関委任事務を処理する場合には、都道府県知事にあっては主務大臣、市町村長にあっては都道府県知事および主務大臣の強い指揮監督を受けるというものでした。機関委任事務は都道府県事務の七〜八割、市町村事務の四割にも達していて、地方自治はいわゆる「三割自治」にすぎないといわれていました。この制度は、国の事務を地方公共団体の機関に強制的に執行させることによって、地方公共団体の自治権を大きく制約する中央集権的性格の強いもので、中央省庁による地方支配の支柱であるこの制度には強い批判があったわけです。

◇T　ところで、機関委任事務は、どうなったのですか。

◆S　はい。従来、国の機関委任事務として行われてきた事務は、すべて、ⓘ国が自ら行う事務、ⓘⓘ地方公共団体が行う自治事務およびⓘⓘⓘ法定受託事務の三種の事務へ振り分けることになりました。

◇T　その場合、振り分けの基準が必要になりますが、そもそも、国と地方公共団体の役割はどうあるべきか、両者の役割分担はどうあるべきかについての原則が、地方自治法に規定されましたね。条文を見てください。

◆S　まず、地方公共団体の役割について、「地方公共団体は、……地域における行政を自主的かつ総合的に実施する役割を広く担うものとする」（自治一条の二第一項）と規定し、次に、国と地方公共団体の役割分担については、「国においては国家の存立にかかわる事務、全国的に統一して定めることが望ましい国民の諸活動若しくは地方自治に関する基本的な準則に関する事務または全国的な規模で若しくは全国的な視点に立って行わなければならない施策及び事務の実施その他の国が本来果たすべき役割を重点的に担い、住民に身近な行政はできる限り地方公

三種の事務

ⓘ	国が自ら行う事務
ⓘⓘ	地方公共団体が行う自治事務
ⓘⓘⓘ	地方公共団体が行う法定受託事務

共団体にゆだねることを基本として、地方公共団体との間で適切に役割を分担するとともに、地方公共団体に関する制度の策定及び施策の実施に当たって、地方公共団体の自主性及び自立性が十分発揮されるようにしなければならない」(同二項)と規定しています。条文が冗長で曖昧で、法律家の文章らしくないと思いますが。

◇T　そうねぇ。そのほかにも例えば、「……要することとすることのないようにしなければならない。」(自治二四五条の三第二項・第三項・第四項・第五項)、「……従わなければならないこととすることのないようにしなければならない。」(同第六項)という、この持って回った表現は何とかならないものですかね。

◆S　それからついでに、市町村による事務処理と都道府県による事務処理について、確認しておきます。市町村は、基礎的な地方公共団体として、一般的に、地域における事務を処理し(自治二条三項)、都道府県は、市町村を包括する広域の地方公共団体として、広域にわたるもの、市町村に関する連絡調整に関するものおよびその規模または性質において一般の市町村が処理することが適当でないと認められるものを処理する(同五項)、ことになっています。

【2】 自治事務・法定受託事務

◇T 次に、自治事務と法定受託事務について、説明して下さい。

◆S 地方公共団体は、ⓘ地域における事務と、ⓘⓘその他の事務で法律またはこれに基づく政令により処理することとされているもの、を処理します（自治二条二項）。ⓘ地域における事務というのは、一般的には、地域住民の福祉を中心とする日常生活に関する行政事務一般を指し、地域共同体に根ざすか地域共同体に特別の関係をもつ事務、すなわち地方公共団体の事務と同義であると解されているようです。そして、ⓘⓘ地方公共団体の事務は、自治事務と法定受託事務とに区分されるということになります。

◇T それで、自治事務と法定受託事務とは、どんな事務をいうのですか。

◆S 自治事務とは、地方公共団体が処理する事務のうち、法定受託事務以外のものをいう（自治二条八項）。法定受託事務以外は、すべて自治事務です。自治事務には、ⓘ法律に規定のない自治事務とⓘⓘ法令に規定のある事務とがあり、前者はいわゆる随意事務で後者は必要事務であります。

問題は、法定受託事務で、これは新しい概念です。法定受託事務とは、法令により地方公共団体に委託を引き受けさせた事務のことです。すなわち、法令によって地方公共団体の事務として割り振られ、執行を委託された事務です。法定受託事務ですから、地方公共団体は、法令受託事務を返上し、受託を拒否することはできません(自治二四五条の二・三第一項、同二四五条の九)。

法定受託事務には、ⅰ第一号法定受託事務とⅱ第二号法定受託事務との二種類があります。ⅰ第一号法定受託事務は、「法律又はこれに基づく政令により都道府県、市町村又は特別区が処理することとされる事務のうち、国が本来果たすべき役割に係るものであって、国においてその適正な処理を特に確保する必要があるものとして法律又はこれに基づく政令に特に定めるもの」(同二条九項一号)であり、これは国が法令により都道府県または市町村に受託させる事務です。ⅱ第二号法定受託事務は、「法律またこれに基づく政令により市町村又は特別区が処理することとされる事務のうち、都道府県が本来果たすべき役割に係るものであって、都道府県においてその適正な処理を確保する必要があるものとして法律又はこれに基づく政令に特に定めるもの」(同二号)であり、これは都道府県が法令により市町村に受託させる事務です。具体的には、法律に定める法定受託事務については地方自治法二条一〇項およびこれに基づく地方自治法別表第一・第二に、また政令に定めものについては地方自治法施行令の別表に、それぞれ、明確に定められています。

◇**T**　法定受託事務は、かつての機関委任事務と異なり、国の事務ではなくて、法令によって地方公共団体に割り振られた事務である、ということになっていますね。そうすると、法令に規定のある自治事務との違いはどこにあるのかということが問題になりますが、この点どうでしょう。

◆**S**　一つの見解は、自治事務と法定受託事務との違いは国の関与の程度の違いである、というものです。つまり、法定受託事務は、もともと国の事務であるべきものが地方公共団体に委託された事務であるから、それに対する国の関与の仕方が自治事務に対する場合と異なり、国の強い関与が定められている事務である、というのです。これに対し別の見解は、事務がどういう性質の事務であるかという問題と国の関与が具体的にどうあるべきかの問題は別個の問題である、というものです。後説が一般的な考え方のようですが、それによって両者の違いが明確に捉えられているわけではありません。結局、法定の自治事務と法定受託事務とは相対化している、ということになると思います。

【3】国の関与

◇T　結構でしょう。そこで、今回のテーマである国家行政と地方行政との関係の問題に入りますが、問題の関心は、普通地方公共団体の事務処理に関する国の関与という点にあります。まず、一般論を述べておきましょう。

普地方公共団体に対する国の関与は、立法による干渉、司法による介入および行政による関与の三つに分けることができます。まず、立法による干渉ですが、これは、法律により地方公共団体の事務の内容を定め、地方公共団体をそれに従わせようとするものですから、最も強烈な関与であるといえます。しかも法律の形式による干渉は極めて多い。真の意味の地方自治を実現するためには、地方自治法は、それぞれの地域の多様な規律を内容とする「地域法」として成立しているべきです。しかし、わが国の地方自治法は全国共通の統一的な法律で、しかも、その内容はきわめて詳細な規律になっていて、地方自治法自体憲法に違反しているのではないかと疑いたくなります。

次は司法による介入です。司法権の作用は本来消極的なものであり、国の司法権が、地方公共団体の事務処理について、積極的に介入することはあり得ない。また、地方公共団体には独自の司法権は認められていないので、国の司法権による地方自治体の司法権に対する干渉の問題は生じない。地方自治に関連して司法による介入が問題になるのは、法律により訴訟を通じて、裁判所の法保障機能が求められる場合です。例えば、住民訴訟を通じて広く地方行政のあり方について間接的なコントロールを求められることもあります。

普通、国による関与というときは、行政的関与をいいます。地方公共団体の事務に対する行政的関与は国による関与の最も重要な部分です。地方自治法は、行政的関与について、関与の方式を類型化し、関与の仕方について明確な基準を定め、国と地方公共団体との関係を透明化しようとしたわけです。この点調べてきましたか。

【4】 行政的関与

◆S　はい。国と地方公共団体の関係について報告し、都道府県と市町村の関係については、省略します。

日本国憲法の地方自治保障のもとでは、国と地方公共団体の基本的関係は、戦前における国の地方公共団体に対する広汎かつ一般的な後見的監督の制度から、対等・並立・協力の関係に転換したという理解が一般的になっています。しかし、地方自治法は、国が地方公共団体を監督し、地方自治に関与し、介入するシステムを導入していて、それが、ここにいう行政的関与となって現れているということができます。

◇**T**　そうですね。地方自治法は、従来の監督という用語を避けて、「関与」という用語を用いていますが、やはり実体は監督というのと変りはないといえますね。それはそれとして、まず、関与の法的定義を見ましょう。

◆**S**　普通地方公共団体に対する国または都道府県の関与とは、普通地方公共団体の事務の処理に関し、国の行政機関または都道府県の機関が普通地方公共団体に対して具体的かつ個別的に関わる行為をいいます（自治二四五条柱書）。ただし、関与は、普通地方公共団体がその固有の資格において当該行為の名あて人となるものに限られ、国または都道府県の普通地方公共団体に対する支出金の交付および返還に係るものは除かれます（同柱書括弧内）。

さらに、相反する利害を有する者の間の利害の調整を目的としてされる裁定その他の行為（その双方を名あて人とするものに限る）および審査請求、異議申立てその他の不服申立てに対する裁決、決定その他の行為も、「関与」から除外されます（同二四五条三号括弧内）。

◇**T**　次に、関与の類型については、どのように規定されていますか。

◆**S**　関与の基本類型として、ⓘ助言、ⓘⓘ勧告、ⓘⓘⓘ資料の提出の要求、ⓘⓥ普通地方公共団体との協議、ⓥ是正の要求、ⓥⅰ同意、ⓥⅱ許可・認可・承認、ⓥⅲ代執行をあげ、ⓘ助言から ⓘⅴ普通地方公共団体との協議までの四種が自治事務にかかる関与の基本類型で、ⓘ助言から ⓥⅲ代執行までの八種が法定受託事務係る関与の基本類型である、とされています。このほかに、基本類型に該当しないものとして、「一定の行政目的を実現するため普通地方公共団体に対して具体的かつ個別的に関わる行為」（同二四五条三号）があります。地方自治法は、行政的関与を基本類型の関与に限定することができず、基本類型以外の関与を包括的に認めました。したがって、普通地方公共団体は全面的に国の行政的関与を受けることになったということができます。

【5】関与行為の法的性質

◇**T**　次は、関与行為はどのような法的性質を有するか、これを整理しておきましょう。その場合、関与行為を、情報、予防的関与行為および事後的関与行為の三つに分類すると分かりやすいのではないかと思います。

①情報――国は、地方公共団体のあらゆる事務について情報を収集し、情報を提供する権限がある。情報は、助言および勧告となることもあるが、事後的または予防的な監督措置

の前提でもある。助言、勧告、資料の提出の要求、是正の勧告は非権力的関与であり、これに応ずるかどうかは当該地方公共団体の判断による。

②予防的関与行為――予防的関与行為は、事前のコントロールによって、違法行為の防止を可能にするものです。同意、許可・認可・承認は、典型的な権力行為です。

③事後的関与行為――事後的関与行為は、地方公共団体の違法行為および重大な公益違反行為に対して行われ、そのような行為の除去を目的とする。

是正の要求は、違法または重大な公益違反の行為にクレームをつけ、当該地方公共団体による違反の是正を求める行為で、法的拘束力を有し、地方公共団体側に要求の内容に対応した作為、不作為義務が生じる権力的関与行為である（同二四五条一号ハ括弧書）。

指示は、法定受託事務の処理について違反の是正を要求する関与行為で、法的拘束力を有する権力的行為である。

代執行は、地方公共団体が法律上の義務を履行しない場合に、その是正のための措置を国が当該地方公共団体に代わって行う行為である（同一号ト括弧書）。代執行は権力的関与行為である。地方自治法は、代執行手続に高等裁判所を介入させ、地方公共団体が裁判所の命令に従わない場合に、代執行ができるとしている。

④法律の根拠——関与については、それが権力的関与か非権力的関与であるかを問わず、広く法律の根拠が必要である。ただ、具体的場合に、関与行為を行うかどうか、いかなる関与行為を選択するかは、行政庁の裁量にある。

⑤国のコントロール方式——コントロール方式としては、適法・違法の法適合性コントロールと当・不当の合目的性コントロールとがあるが、地方公共団体の自治行政に対する国のコントロール方式は、原則として、明白な法律違反の場合の事後的な法適合性コントロールに限定されることが望ましい。したがって、地方自治法が、関与発動の要件として、自治事務および法定受託事務の処理について、「法令の規定に違反していると認めるとき、又は著しく適正を欠き、かつ、明らかに公益を害していると認めるとき」（自治二四五条の五第一項・第二項、二四五条の六第一項、二四五条の七第一項・第二項・第四項）と規定し、法適合性コントロールのほかに、重大な合目的性コントロールを認めるのは、地方自治を侵害する可能性があるということができる。また許・認可等による予防的コントロールについても、通常、法的コントロールのみが行われるべきで、地方公共団体の行為が法令に違反しない限り、許可を与えるべきである。

◆S　確かに、地方自治法は、行政的関与について、国と地方公共団体との関係を透明化し、また関与については、その目的を達成するために必要な最小限度のものにしなければならない（自治二四五条の三第一項）とも規定していますが、同時に、国は法定受託事務について無関心であることはできないので、法定受託事務の執行について、各大臣がその「処理基準」（自治二四五条の九）を定めることができる旨を規定しています。この処理基準を通して、中央省庁の影響力が地方行政に浸透するのではないか、と思われますが、処理基準にはどのような法的性質があるのですか。

【6】 法定受託事務の処理基準

◇T　処理基準とは、地方公共団体が法定受託事務を処理するに当たりよるべきものとして、各大臣または都道府県の執行機関が定める一般的な準則をいいます（自治二四五条の九）。具体的には、法令の解釈基準や許認可の審査基準などが定められることになるでしょう。処理基準の法的性質ですが、それは法令ではなく行政規則です。したがって、地方公共団体に対する法的拘束力はなく、地方公共団体はそれに従う法的義務はないことになります。しかし、処理基準に従わず、それと異なる事務処理をした場合には、各大臣または都道府県の執行機関が是正の指示等の関与を行う可能性が高いといえます。このような場合には、地方公共団体は、是正の指示に係る係争処理手続で処理基準の適否を争うことができるわけで、そのため、国の関与に関する係争処理制度ができました。これは、国と地方公共団体との間で関与をめぐる係争が生じた場合、総務省に公平・中立の第三者機関として、地方係争処理委員会を設置し、これが国の関与について審査をし、勧告を行い、あるいは調停を行うというものです（自治二五〇条の七）。さらに、この制度の後には、機関訴訟として、国の関与に関する訴訟も用意されているわけです。

◆**S** さっきの、中央省庁による地方行政の支配という問題について、先生はどのようにお考えですか。

◇**T** そうですねぇ。この点に関する地方自治法の改正は画期的なものだという評価がなされていますが、処理基準や係争処理制度などがどのように運用されるか、とくに地方公共団体側がどのような姿勢で臨むか、そういったことが重要であると思いますね。私は、国家行政と地方行政との関係は、二つの領域の分離した対等・並列の関係としてではなく、密接な関連の継続的プロセスの関係でなければならないと考えます。しかし、戦後の地方自治行政は、国による法律化と中央の計画化による侵害を継続的に受けてきて、決して「地方の時代」というにふさわしい時期はなかったことに注意しなければなりませんね。

【7】 国政に対する参加権

◆S でも、最近では地方公共団体の国政に対する参加権ということも強調されていて、地方自治は拡張されてゆく傾向にあるのではないですか。

◇T 国民の国政に対する参加権は憲法で保障されていますが、地方公共団体の参加権とは何をいうのか、その法的根拠はどこに求められるのか、その返を明確にする必要がありますね。

◆S 地方公共団体の国政に対する参加権というのは、地方公共団体が、国の立法、行政に対して、その意見を表明するなどして参加する権能をいう、とされていて、それは、実体的自治権の手続的保障であると位置づけられています。

◇T 確かに、個々の地方公共団体には自治権が保障されていますが、だからといって、なぜ国政一般に対する手続的参加権が認められるのでしょうか。自治権からは国政一般についての参加権は生まれない。個別法では、参加権という場合、その具体的内容は、関係都道府県からの意見聴取、都道府県の申出、都道府県との協議、関係都道府県の同意、都道府県知事の意見聴取、都道府県知事の申出、地方公共団体の国家財政措置に対する不服の申出など、主として計画策定手続への参加を認める規定に限定され、地方自治法でも、地方公共団体の国政一般に対する参加権を認める規定はありません。

◆**S**　地方自治法では、全国的連合組織の意見の申出の制度が注目されています。それは、普通地方公共団体の長または議会の議長が全国的連合組織を設け、当該連合組織の代表者が、その旨を総務大臣に届け出た場合、当該連合組織は、地方自治に影響を及ぼす法律または政令その他の事項に関し、総務大臣を経由して内閣に対し意見を申し出、または国会に意見書を提出できることが認められています（自治二六三条の三第二項）。この場合、内閣には回答努力義務があることが規定されていますので（同三項）、その前提として、地方自治法上、「全国的連合組織」には国政に対する参加権＝回答期待権があることになると思います。全国的連合組織としては、全国知事会、全国都道府県議会議長会、全国市長会、全国市議会議長会、全国町村会、全国町村議会議長会の、いわゆる地方六団体をあげることができます。

◇**T**　そのような意見表明・回答期待権としての参加権は、形ばかりで、意見が一つにまとまるかどうかも問題だと、法律上はあまりインパクトがないね。

◆**S**　先生は、かねてから国土計画に対する地方公共団体の参加権を主張していますが、国土計画に対する参加権なら意味があるのですか。

◇**T**　自分の主張がナンセンスとは思っていません。

問題は、自治権の内容として計画権が認められるか、ということに尽きます。計画権とは、地方公共団体がその地域を自ら秩序づけ形成することのできる権能をいいます。現代では、計画権の認められない地方自治はほとんど意味がない。地方自治体の計画権は、最近の法的発展の結果として承認されるべきである、と思いますね。

地方公共団体の計画形成の最も重要な形式は都市計画です。都市計画法は、都市計画について、広域にわたる国土計画および道路、河川、鉄道、港湾、空港等の施設に関する国の計画への適合義務を課し（都計一三条一項）、地方公共団体の地域形成に係る実質的な自己決定権の制限・侵害を認めています。このような制限・侵害は、一方的に自治権の本質的内容を侵害するものであってはならない。国と地方公共団体とが、地域の計画策定については、それぞれ正当で対等の発言権を有するのですから、関係地方公共団体に対し、国の計画策定手続への参加権が保障され、これによって国の計画と都市計画との間の調整が図られなければなりません。この適合義務に対する参加権は、単なる意見表明権ではなく、地方公共団体の計画権の制限・侵害に対する防御的参加権である点に注意してもらいたいものですね。

◆**S**　おっしゃることは分かりました。

◇**T**　今日はこの辺にしましょうか。

❖第一〇問❖　公務員は違法と思う上司の命令にも服従しなければならないか。

■無効の職務命令については、服従を拒否することができる■

◇T……先生
◆S……学生

◇T　今日は、公務員の服従義務について、考えることにしましょう。この問題は法律学上のいろいろな論点があって、実践的にも法解釈上も興味があり、よく論議されますね。

公務員は、その職務を遂行するについて、法令に従い、且つ、上司の職務上の命令に忠実に従わなければならない（国公九八条一項）。上司とは、その公務員の職務を指揮監督する権限のある公務員をいい、上司の下す職務上の命令を職務命令といいます。そして、上司の職務命令に忠実に従うべき義務を公務員の服従義務または従順義務といいます。職務命令とは、公務員の職務を指揮するために発する命令で、それは、職務の処理基準や処理の仕方、例えば適用すべき法令・その解釈、さらに出張や資料の収集などについての指示ないし命令です。企業でいえば業務命令に当たるものですね。

【1】公務員の行動基準

◇T　公務員の服従義務を考えるに当たって、まず、公務員の通常の行動基準を見てみましょう。どうぞ。

◆S　はい。行政法では、「法律による行政の原理」が大原則になっていますが、法律を執行する公務員は、常に法律を意識しているわけではありません。公務員にとっては、目の前の上司の職務上の命令が一番重要で、これに従ってさえいれば、問題なかろうと思うわけです。職務命令は法律ではなく行政規則ですから、行政規則が差し当たり公務員の行動基準になっているということになります。

しかし、上司の命令ないし指示が常に正しいとは限らない。例えば、課長が昨日言ったことは、俺に官製談合の手伝いをさせようとしているのではないか、ヤバイな、と思うことがあるかもしれません。こういう状況において、行政法上、どうしたらいいのか。このような問題に答えるのが、公務員の服従義務の問題であるように思います。

◇T　結構でしょう。今君がいったことは服従義務の限界の問題、つまり公務員は上司の命令には絶対服従かという問題、どういう場合なら服従義務がなくなるのかという問題ですね。そこで、そういう問題はどのような状況で生じるのか、これはどうでしょう。

◆S　その点は、学説では、服従義務の問題は「義務の衝突（Pflichtenkollision）」が生じる場合であるというのです。つまり、一方で、憲法および国家公務員法が公務員に対し、憲法および法令を遵守すべき義務を負わせ、他方では、上司の職務命令に対しても服従義務を課しているから、職務命令が法律または憲法と矛盾するときは、公務員の一身において、二つの義務の衝突が生じる、というわけです。忠ならんと欲すれば孝ならず、ですね。なるほど、と思いました。

◇T　しかし、本当に義務の衝突が生じているといえるのか。職務命令が憲法や法令に違反している場合は、職務命令は有効でない筈で、それに服従しなければならない義務は生じない、また適法な職務命令であれば義務の衝突は当然生じません。実定法の体系内で、いわゆる未決の義務の衝突が生じるという、その学説の説明は疑わしいね。

むしろ問題は、公務員には、職務命令が適法かどうか、有効かどうか、したがって当該職務命令が執行されるべき職務命令といえるかどうかを審査し、決定する権限、つまり、その点に関する実質的審査権があるかどうかという問題ではないですか。

【2】 職務命令の適法性

◇**T** 適法な職務命令には服従しなければならない。これはいうまでもないことですね。では、どんな場合に、職務命令は適法であるのか。まずこれを整理しましょう。

◆**S** はい。職務命令の適法性は、第一に、ⓘ職務命令がその権限のある上司が発したものであること、第二に、ⓘⓘ命令を受ける部下の公務員の職務に関するものであること、第三に、ⓘⓘⓘ形式上適法な手続で発せられたものであること、第四に、ⓘⓥ内容が憲法および法令に違反するものでないこと、の四つの基準によって判断されます。四つの基準のうち、前三者ⓘⓘⓘⓘⓘⓘが形式的要件で、第四ⓘⓥの要件が実質的要件です。

職務命令は、適法要件のうち、形式的要件の一つでも欠けているときは、たとえ一見職務命令のように見えても、当然、服従を拒否すべきである。この点については、異論がないようです。問題は、職務命令が形式上適法であるが、その内容が憲法や法令に違反している場合に、受命公務員が違法な職務命令に服従しなければならないかどうか、ということです。

【3】学　説

◇**T**　学説は、どうなっていますか。

◆**S**　学説は多岐に分かれています。

①公務員は、職務命令に対しては、その内容を違法または不当と認める場合にも、必ずこれに従うことを要し、服従を拒むことができない。これは公務員に実質的審査権を認めない見解です。

②服従義務が生じるのは有効な職務命令に限り、無効な職務命令に服従する義務はない。職務命令の有効要件も行政行為の有効要件と異ならない。

③職務命令は一応適法性の推定を受け、その要件の欠缺《けんけつ》が重大かつ明白な場合には、受命公務員は職務命令の無効を判断することができ、これに服従してはならない。

④職務命令の内容が客観的に違法であることが明白な場合には、その命令は無効であって、公務員はこれに服従する義務はない。

⑤受命令者たる行政機関は、職務命令が違法であれば、服従を拒否することができる。

⑥訓令的職務命令は、それに従った行為の違法が明白である場合、または、それによって国民に重大な権利侵害が生ずる場合には服従義務がないが、一般には公務員に適法性審査権はない。これに対し、公務員自身において受ける非訓令的職務命令が違法な場合は、服従を拒否することができる。

右のうち、③、④説が従来の通説であったのですが、最近は⑥説の考え方が通説的な地位を占めているようです。以上です。

◇T　③、④説は、明確に公定力理論を援用しているわけではありませんが、職務命令の効力の限界については行政行為の公定力の理論とのアナロギーを前提にしている、ということができます。戦前から、違法な職務命令の効力の限界の問題は瑕疵ある行政行為の効力の限界の特殊なケースであるとみられてきました。その意味で③、④説は、②説の延長線上にあり、その具体化であるということができますね。

◆S　③、④説にとっては、公定力理論が重要なわけですね。

◇T　そうですね。それは、原則として職務命令は「適法性の推定」を受けるということ、公務員は適法な職務命令だけを執行すべきであり、適法な職務命令にのみ服従する義務があるから、適法性の推定が破られる場合は服従義務もまた終わること、そして、重大かつ明白または明白な違法の場合には、特別の争訟手続を待つまでもなく、職務命令は適法性の推定を受けず、受命公務員はこれを無視することができる、ということです。したがって、③、④説にとって、職務命令の「適法性の推定」または公定力の問題は決定的に重要だというわけです。しかし、職務命令を行政行為と同様に考えるのは適切でないですね。

◆S　少数説ですが、①説と⑤説の論拠は、どうでしょうか。

◇T　①説は、職務命令の目的は法と公益に関する解釈認定を全行政機関を通じて一定にし、組織体の統一的効率的運営を確保することである、という。もちろん、違法の職務命令に服従すべしというのはそれ自体矛盾であるが、①説は、上司の発した職務命令についてその適法・違法を部下たる公務員が審査し、違法と判断した職務命令については自ら不服従を決定することがきる権能を有するといえるかという視点から、問題をとらえている。つまり、職務命令に対する実質的審査権を一切認めていないわけです。これに対して、⑤説は、職務命令ばかりか、その根拠たる法律についても、一般の行政機関に全面的な審査権を認めるべきであると主張する。違法な職務命令が下級機関を拘束するという考え方は立憲君主制の憲法に適合しても、現行憲法には適合しない。違法な職務命令の執行を拒否した公務員が、これを理由に懲戒処分などの不利益処分を受けても、公務員の判断に誤りがなければ、事後的に裁判所の救済を受けることになる、というわけですね。

◆**S**　しかし、裁判は二年も三年もかかりますから、⑤説では救済されないと思いますが。

◇**T**　職務命令を無効と判断して服従を拒む公務員は、つねに自己の責任と危険負担において、つまり懲戒処分を受ける覚悟で、服従を拒むわけです。上司が職務命令を有効と判断し、部下たる公務員が職務命令に従わないことを理由に、その上司が懲戒処分を行い、裁判になって、裁判所もまた職務命令を有効と判断すれば、結局、公務員は制裁を免れない、救済されないわけですね。

◆**S**　そうすると、公務員の職務命令に対する審査権とは何か、それはどういう意味をもっているかを確認する必要がありますね。その前に、⑥説についてコメントをお願いします。

◇**T**　⑥説が、訓令的職務命令と非訓令的職務命令を区別したこと、この点は学説が一致して認めるところで、高く評価されていますね。確かに、訓令には職務命令と合体しているものがありますから、その場合には、訓令に対する服従義務と職務命令に対する服従義務とが混同されるおそれがあるわけです。しかし、訓令的職務命令であっても、訓令に対する服従義務が問題になっているのではなく、あくまで職務命令に対する服従義務が問題になっていること、この点をハッキリさせなくてはならないと思いますね。

◆**S**　具体的に説明していただけませんか。

◇**T**　そうですね。⑥説では、「例えば許可権限を持つ下級行政庁に対し、上級行政庁が、特定の申請を拒否すべきことを指令し、それが……違法であるとしても、この指令（訓令）は、受命公務員に対する関係においては、労働力処分権の範囲内の命令なのであるから、職務命令としては違法の問題を生ずるものではない。」という説明になっていますが、この説明はどうも理解に苦しみますね。違法な訓令が、職務命令として機能するときは、適法なものに転化するという意味なのか。指令（訓令）が違法なら職務命令としても違法なのではないか。

⑥説は、結局、前半が③説と同趣旨で、後半が⑤説と同趣旨であると思いますね。

◆**S**　それから、公務員関係の性質について、それを特別権力関係と見るか労働契約関係と見るかによって、服従義務の範囲が違ってくるという見解があります。特別権力関係説は③、④説と、労働契約関係説は⑤、⑥後半説と結びつくというのですが。

◇**T**　論理必然的にそういう結合関係が生じるわけではないでしょう。労働契約関係においても、厳格極まりない業務命令が成立し、業務命令についての絶対服従を要求することもある。労働契約関係説は、①説と結びついてもおかしくないし、むしろその可能性は高い。また特別権力関係の理論と公務員の服従義務の範囲の問題は次元が違う問題で、それが直接に関係するかのように説くのは妥当でない、と思いますね。

【4】 実質的審査権

◇**T**　先ほどの、実質的審査権の問題に行きましょう。学説の主たる関心は、職務命令に対する服従義務の範囲を実体法的に画定することにおかれていますが、服従義務の問題は手続法的視点、公務員が服従を拒否した場合どうなるのかという側面が重要です。その意味で職務命令の実質的審査権を考えなければなりませんが、その点は調べてきましたか。

◆**S**　はい。審査権という語は多義的に使用されていることが分かりました。

まず、法令の違憲審査権があります。これは法令の内容が憲法に適合するかしないかを審査し、決定する権限で、最高裁判所に限らず下級裁判所にも認められています。この場合の審査権の内容は何らの危険も伴わない法令の適用拒否権です。間違った違憲判決を書いたからといって、裁判官が制裁を受けるわけではありません。

次に、改正前の地方自治法における国の機関委任事務について、地方公共団体の長には職務命令の実質的審査権が認められていましたが、その審査権の内容は裁判所の前審としての法律の暫定的な効力否認権ないし適用拒否権です。したがって、地方公共団体の長は違憲と考える法律によって課せられた国の事務の執行を拒否することができ、そのことによって何らの責任を負うものでなかった。もちろん、地方公共団体の長の判断が最終的なものになるわけではないのですが。

普通、一般の行政機関あるいは公務員の法令の実質的審査権が問題になる場合、その審査権の内容は自己の責任ないし危険負担を伴う法令の適用拒否権である。この場合の公務員は、常に制裁を覚悟で、審査権を行使し服従を拒否することになります。以上です。

◇T　結構ですね。それでは、公務員の服従義務について、まとめることにしましょう。

【5】公務員の服従義務

◇T　職務命令に対する不服従の問題が生じるのは、通常、上司が適法・有効と解する職務命令を部下の公務員が違法・無効と解するという法解釈の対立がある場合です。このような場合には、上司の見解を優先させるのが通常であり、この限りでは①説が妥当であるということになり、⑤説は極端すぎます。しかし、法令の順守義務はもちろん違法な法令の順守義務を含むものではないし、民主制憲法のもとでは軍隊でさえ上官の命令に絶対服従という観念は崩壊したというべきであるので、まして一般公務員については、一定の範囲で服従義務からの解放を認めるべきであるということもできます。③、④説は、公務員を服従義務から解放する場合を職務命令が無効である場合に限定します。職務命令が無効である場合とは職務命令の違法性が「重大かつ明白」ないし「明白」な場合です。この場合には公務員が自己の責任と危険負担において職務命令を無効として無視することができます。この③④説、とくに④説あたりが妥当な解決といえるのではないかと思いますね。

◆**S**　しかし、自己の責任ないし危険負担を伴う実質的審査権なら、職務命令だけでなく法律や憲法についてさえ、それを認めることができて、結局、実質的審査権を認めたことにならない、と思いますが。

◇**T**　いや、そうじゃない。一般の行政機関に法令の違憲審査権なしというときは、自己の危険負担における服従の拒否もまた認めないのが通常の考え方です。したがって、公務員は自己の憲法解釈によって違憲であると信じる法令に基づく職務命令に対しては服従を拒否できないわけです。③、④説の場合は、危険負担を伴うにせよ、審査権を認めている。⑥説の場合も、自己責任ないし危険負担を伴う審査権ということになるでしょう。ただ⑥説の後半は、例えば居住地域の指定、服装の指定あるいは出張命令など公務員個人の生活に関わる職務命令を対象にしているが、それは、いわゆる特別権力関係における権利保護の問題と重なっている、といえますね。

◆S　わかりました。でも、職務命令の違法性が「明白」な場合とは、何人の判断によっても、直ちに違法であることが明らかな場合であるとすれば、そのような場合に上司と部下との法解釈の対立を想定することは困難です。そうすると、そのような審査権を認める実益は何か、ということになりますが、この点はいかがでしょうか。

◇T　二つあると思いますね。一つは、「明白」な違法の場合は問題ないが、明白な違法といえるかどうか疑わしい微妙なケースの場合ですね。このような場合に、危険負担を伴っても審査権を行使するということは、裁判所の判断を当てにして、服従を拒否しているわけです。もう一つは、職務命令の違法・無効を間接的ではあるが訴訟で主張することができる、ということですね。職務命令そのものは抗告訴訟や当事者訴訟の対象にならないから、職務命令不服従を理由とする懲戒処分の取消訴訟で、いわば間接的に職務命令の違法・無効を主張することになる。それが自己責任ないし危険責任を伴う実質的審査権の意味といえますね。

◆S　何か、スッキリしないところもありますが、大筋は分かりました。
◇T　それじゃぁ、この辺で終わりにしましょう。

◇T　これで、第一問から第一〇問まで、やったわけだけど、全体としての感想を聞かしてもらいたいな。
◆S　僕は、近代国家＝立憲君主制の行政法理論の骨格の強さを感じました。
◇T　そうですね。行政法学の父といわれるドイツの行政法学者オットー・マイヤーは、一九二四年の『独逸行政法・第三版』の「はしがき」に、「憲法は消滅する、行政法は存続する」と書いていますが、けだし名言というべきですね。
◆S　しかし日本国憲法前文は、この憲法には人類普遍の原理に基づくものである、とありますが。
◇T　憲法が自画自賛するのは当然のことですよ。

事 項 索 引

せ～た

ち～と

な～へ

ほ

ま～り

プロフィール

宮田三郎（みやた・さぶろう）

1930年　秋田県に生まれる
1953年　東北大学法学部卒業
現在、白鷗大学法科大学院教授、千葉大学名誉教授

〈主要著書〉
行政裁量とその統制密度（信山社、1994 年）
行政法教科書（信山社、1995 年）
行政法総論（信山社、1997 年）
行政訴訟法（信山社、1998 年）
行政手続法（信山社、1999 年）
国家責任法（信山社、2000 年）
環境行政法（信山社、2001 年）
警察法（信山社、2002 年）
〔韓国語：韓　貴鉉訳『日本警察法』韓国法制研究院、2003 年〕
現代行政法入門（信山社、2003 年）
地方自治法入門（信山社、2003 年）

行政法の基礎知識（1）　ポケット双書

2004年（平成16年）8月30日　第1版第1刷発行　5561-0101

著者　宮田三郎
発行者　今井　貴
発行所　信山社出版株式会社
〒113-0033 東京都文京区本郷6-2-9-102
TEL 03-3818-1019　FAX 03-3818-0344
笠間来栖支店
〒309-1625 茨城県笠間市来栖2345-1
TEL 0296-71-0215　FAX 0296-72-5410

出版契約 No. 5561-01010
ISBN 4-7972-5561-7 C3332
5561-012-010-001
NDC 分類 323.904